AF353022

POEMAS BIOGRÁFICOS DE HOMBRES DE LA BIBLIA

Destellos de Vida Vol. 1

ALEXANDER GUERRERO CÓRDOVA

Autor & Editor: Alexander Guerrero Córdova
Dirección: Av. Brasil 711-715 Dpto.: 502
DNI: 43908568
Teléfono: 914511863
e-mail: alexander.guecor@gmail.com

Diseño de portada: Edward Alarcón Rojas
Corrección de pruebas: Edgar Larriega Vilca
                        Gezel Vásquez Jiménez

Impreso en la Universidad Peruana Unión, Centro de Aplicación Editorial Unión, km 19 Carretera Central, Ñaña, Lima, Perú
Teléfonos: (01) 618-6301
RUC: 20138122256
JOB 26342-20 UNIÓN®
e-mail: ventas@imprentaunion.com

Primera edición: Noviembre de 2020
Tiraje: 500 ejemplares
ISBN: 978-612-00-5598-4

Hecho el depósito legal en la Biblioteca Nacional del Perú N.° 2020-07676

Impreso en el Perú
Printed in Peru
Noviembre de 2020

Contenido

Prólogo

Una manera extraordinaria y novedosa es aprender sobre los personajes bíblicos a través de poemas. Eso es lo que Alexander Guerrero Córdova nos presenta en este libro, de manera ingeniosa. Esta inspiración debe tener su retribución.

Son más de 70 poemas de personajes del Antiguo Testamento que ofrecen una radiografía biográfica ligada a enseñanzas jugosas, que nos advierten de no cometer los mismos errores o aprender de ellos, a fin de disfrutar de la vida que el Hacedor nos dio.

De todo ser humano podemos aprender una infinidad de instrucciones, pero se hace notablemente apreciable si lo aprendemos de personajes que figuran en el libro más vendido del mundo: la Biblia.

Los libros, y ahora el internet, nos facilitan mucha información de los personajes bíblicos; sin embargo, tener un resumen a manera de poesía, hace una marcada diferencia que ahorra tiempo y precisión en la tediosa indagación. Así, recomiendo al amable lector, no solo tener este ejemplar, sino también leerlo. Es útil para ti, que has leído la Biblia, y que tal vez por algún motivo no has podido sintetizar la enseñanza biográfica de cierto personaje bíblico. Y si nunca has leído la Biblia, esta obra te ofrece, de forma creativa y resumida, la historia de muchos personajes del Antiguo Testamento.

Dr. Gluder Quispe Huanca

Rector de la Universidad Peruana Unión

Dedicatoria

A Rosmery Pachamora Pinedo,
mi adorable y amada esposa.
A mi hija Rouse Alexandra,
la alegría de mi vida.

Introducción

En la Biblia encontramos muchas historias de personajes que inspiran, y también de otros que nos alertan de forma apremiante a no seguir su ejemplo, pero ambas facetas contribuyen de una u otra forma en nuestras vidas.

Aquí se presenta de forma sencilla, breve, pero clara, 70 poemas biográficos de personajes bíblicos del Antiguo Testamento, desde Abel —hijo del primer hombre de la tierra— hasta Zacarías —el penúltimo de los doce profetas menores—. Asimismo, otros poemas como "Un Modelo de Padre Bíblico", "A Mi Padre Ausente" y "Grande Nube de Testigos".

No se pretende hacer una extensa biografía de cada personaje bíblico a través de la prosa, sino solo un destello de vida de cada uno de ellos; desde los primeros patriarcas, jueces, profetas mayores, profetas menores, y reyes tanto del norte (Israel) como del sur (Judá); resaltando virtudes, errores y enseñanzas de cada uno de ellos para beneficio de cada lector.

Es mi deseo que Dios bendiga a todos con la lectura de este libro. Que nuestro pensamiento se nutra con la experiencia de cada personaje, y que estos versos aporten una visión nueva a nuestra perspectiva de la vida.

El autor

Hombres del

Antiguo Testamento

Aarón

Padre del linaje de sacerdotes

Fuiste hermano de Moisés, y Amram fue tu padre;
tu hermana se llamaba María, y Jocabed tu madre.
Muy expresivo y más elocuente que tu hermano,
saliste a su encuentro y lo hallaste vara en mano.

El desierto fue testigo de sus abrazos y de tu risa.
Dios dirigió ese encuentro, pues nada improvisa.
Escuchaste muy atento, de Moisés la historia;
irían a liberar a Israel, mas de Dios sería la gloria.

Reuniste a los ancianos y mostraste las señales.
Jehová los libraría, aunque no fueran leales,
pues Él escuchó sus azotes y sus mil aflicciones,
430 años de ser esclavos sirviendo a faraones.

"Deja ir a mi pueblo a celebrar fiesta al desierto",
era el mensaje esa mañana, de aquel día incierto;
mas Faraón, con corazón cruel y endurecido,
dijo no conocer a Dios, y se negó a su pedido.

Tras diez plagas seguidas, junto al pueblo saliste;
llevado por las presiones, becerro de oro erigiste;
luego Dios te perdonó, y como sacerdote serviste;
otro día con Hur, los brazos de Moisés sostuviste.

Tuviste cuatro hijos, ellos también de sacerdocio,
mas hacían de lo sagrado, todo un negocio.
Nadab y Abiú murieron, al ofrecer extraños fuegos;
tú fuiste perdonado, pues Dios aceptó tus ruegos.

A bel

El primer hombre que agradó a Dios

Segundo hijo de Adán y Eva aquí en la tierra,
siempre fuiste humilde y de Dios temeroso;
pastor de ovejas de tu rebaño grandioso,
mostrabas cada día, que no eras cualquiera.

Orgullo de tu padre y alegría de tu madre.
Temías a Dios, y lo alababas con algarabía.
Entendías la consecuencia que del pecado vendría,
pero también que Cristo, por ti pagaría el rescate.

Se te enseñó que había provisión para la humanidad,
y consciente de eso vivías, con firme esperanza.
Pronto se terminaría la consecuencia de la maldad,
y debías aprender a vivir tu vida con templanza.

Recibiste la orden del esperado sacrificio,
debiendo llevar una ofrenda ante el altar;
un cordero de tu rebaño habías hecho propicio,
dormiste confiado, pues a Dios lograste agradar.

Muy temprano te levantaste ese día soleado,
y hablaste con tu hermano sobre su ofrenda;
se incomodó contigo y se apartó molesto de tu lado,
seguro que él no necesitaba quién lo reprenda.

Te dirigiste humilde y con reverente obediencia,
logrando con alegría, de tu Creador, su total agrado;
mas Caín, tu hermano, con corazón de impaciencia,
llegó para matarte, pues de Dios recibió desagrado.

Abdias

La tragedia del odio entre hermanos

Fuiste el cuarto profeta menor entre los doce,
espero sea entendible lo que de ti esboce.
Se conoce poco de ti porque solo escribiste 21 versos,
profecía de juicio contra Edom, ciudad de perversos.

Tu nombre deriva del hebreo, que significa servidor,
también sirviente o de Jehová su adorador.
Aunque la Biblia menciona 13 Abdías diferentes,
tú fuiste profeta, con ejemplos de vida coherentes.

Te diferencias de cualquier otro profeta fiel,
pues tú profetizaste contra Edom, y no a Israel.
Descendientes de Esaú eran estos edomitas,
muy conflictivos por naturaleza y divisionistas.

Inclusive tu gran amigo, el profeta Amós,
profetizó contra Edom, levantando su voz;
les dijo que hacían caza a sus propios parientes,
siendo violentos y sin compasión en sus mentes.

En tu libro muestras la lucha de dos naciones,
sin necesidad de que sus nombres menciones.
Sabemos que te refieres a Jacob y Esaú en su enemistad,
pues, aunque pasaron muchos años, no cesó la hostilidad.

En el pasado, Edom negó a Israel el pase por su territorio;
profetizaste la venganza de Jehová, y sí que era meritorio.
Su odio contra Israel les trajo su propia y eminente ruina.
Dios es restaurador, pero al impío llega la justicia divina.

A bram

Un llamado desafiante

Llamado por Dios para dejar tus raíces,
abandonar tus campos de muchos matices;
dejar inclusive a tus agradables vecinos
y tus cosechas de uva, donde producían vinos.

Pronto saliste de Ur junto a Taré, tu padre,
llevando contigo a Lot, pues no tenía a nadie.
Saraí, tu esposa, también los acompañaba,
sin hijos, porque aún ninguno te daba.

Llegaron hasta Harán, donde tu padre moriría;
luego a Canaán, pero el hambre llegaría;
de manera que fuiste hasta Egipto, casi obligado,
mas voluntad de Dios era y allí serías probado.

Caminaste junto a Lot hasta una colina maravillosa.
Él eligió vivir en Sodoma, junto a gente no piadosa,
mas tú elegiste otro sendero y te apartaste;
pero cuando fue llevado preso, tú lo liberaste.

Jehová se le apareció, y le dijo algo con urgencia;
Abram sería el padre de una gran descendencia.
Pero cómo sucedería eso, si estéril era su mujer
y él tenía casi 100 años, sí que era difícil de creer.

Mas creyó la promesa y le fue contado por justicia;
aunque de tanto esperar, conoció a Agar, la egipcia,
y de esta unión no permitida, nació su hijo Ismael,
provocando tal discordia, por no haber sido fiel.

A braham

El patriarca de la fe

Creíste que tu heredero sería Ismael, tu hijo.
No fue elegido, aunque a tu vida trajo regocijo.
Tu esposa estéril, quedaría por milagro embarazada,
dando a luz a Isaac, cumpliendo la promesa anhelada.

Jehová te apareció, y su promesa te confirmó;
los años pasaron rápido, mas de ti no se olvidó.
Un día, tu rostro de alegría, tras una noticia se iluminó,
pues tu amada esposa Sara, embarazada quedó.

Nació Isaac, tu hijo, y todo el pueblo se emocionó.
Dios cumplió su palabra, tal como lo prometió;
pronto tendrías descendencia de tu gran anhelo,
y serían como arena del mar o como las estrellas del cielo.

Jehová te habló de mañana y sacrificio pidió,
llevaste tu hijo a la montaña y allí Él te probó.
Proveyó allí un cordero y finalmente tu hijo se salvó;
moriste creyendo en la promesa, y tu fe ejemplo nos dio.

A bsalón

El precio de la rebeldía

De los seis hijos de David nacidos en Hebrón,
de su esposa Maaca fuiste el tercero tú, Absalón.
Demasiado hermoso desde la coronilla de tu cabeza
hasta los pies, de eso no hay duda, solo certeza.

Cada año te cortabas el cabello, que pesaba 200 siclos,
en la actualidad aproximadamente equivale a 2.4 kilos;
pero entonces llegó a tu corazón el orgullo y te cegó,
perdiendo tu horizonte, pues el amor fraternal se acabó.

Mataste a tu hermano Amnón, generando más violencia,
pues había dañado a Tamar y robado su inocencia.
Ella era tu hermana de padre y madre y tú la consolaste,
pero en tu mente estaba la idea de vengarte y lo lograste.

El corazón de David, tu padre, se entristeció, mas tú huiste;
cabalgaste hasta Gesur, donde refugio al rey Amiud pediste.
Te quedaste allí tres años, luego a Jerusalén por fin regresaste.
De vuelta a la ciudad estuviste 2 años, y al rey te presentaste.

Anhelando el reino de tu padre un séquito real adquiriste,
formado por carros, caballos y 50 hombres que elegiste.
Cada mañana salías hacia la ciudad y a la puerta estabas;
persona que venía al rey tú le hablabas, y así te sublevabas.

Tu rebelión traería un desenlace terrible a tu desafiante vida.
Tu ejército fue derrotado y sobre un mulo realizaste tu huida,
mas con tu cabello, en una espesa rama, atrapado quedaste;
tres dardos atravesaron tu corazón, y tu último suspiro exhalas-
te.

Acab

El rey idólatra y caprichoso

Tu padre Omri fue un rey muy conocido,
se esperaba que tú fueras bien conducido;
pero así como él anduvo en malos caminos,
tú serviste a dioses falsos de reinos vecinos.

Si Jeroboam fue un rey idólatra y perverso,
tu apostasía y paganismo fueron más que eso.
Tu esposa Jezabel, que significa "junto a Baal",
te conllevó a la idolatría y a practicar el mal.

Junto a tu esposa construiste un templo,
y no para Jehová, aquí te muestro un ejemplo.
Fue construido para Baal en Samaria, esa ciudad,
en desobediencia a Dios, pues en ti había maldad.

Fuiste de tus pecados advertido por Elías,
pensé que con la hambruna te arrepentirías.
Al monte Carmelo llevaste casi 900 hombres,
profetas de Baal que no se mencionan sus nombres.

Queriendo entronizar a Baal en todo Israel,
tu esposa mantenía a esos profetas, y ninguno era fiel.
Por eso en el cerro dos bueyes fueron sacrificados,
Dios se manifestó y por Elías todos fueron degollados.

Una mañana la viña de Nabot comprar decidiste,
por estar junto al palacio para sembríos quisiste.
Mas él se negó a la generosa oferta que le hiciste,
entonces yendo a tu casa sin comer dormiste.

Al otro día por tu mujer, ya tenías un plan malvado;
acusando injustamente, Nabot moría apedreado.
Aunque te humillaste y estuviste arrepentido,
en batalla fuiste herido, y por una flecha abatido.

Acán

El ladrón que derrotó a un ejército

A la noble tribu de Judá perteneciste,
por tus habilidades al ejército te uniste.
Maravillado te quedaste al destruir Jericó,
mas la enorme codicia a tu corazón llegó.

En silencio te quedaste frente a Israel,
escondiste tu pecado con actitud infiel.
No fuiste el único culpable, sino toda la nación,
pues unidos rendirían cuentas del corazón.

Luego de Jericó, a Dios ya no consultaron,
tu líder se confió y en Hai los derrotaron.
Tu afrenta fue tan grande que a Dios provocó;
inclusive Josué llorando, su vestido rasgó.

Fuiste llamado a declarar tu ofensivo pecado.
Vi un manto, dijiste; plata y oro están ocultados,
lo codicié y lo tomé, y están ahora enterrados.
Esto nos recuerda a Eva y cómo fuimos condenados.

Trajeron todas las cosas y estaban turbados,
junto a tu familia fueron apedreados y quemados.
Cuán grande lección sacamos de esta triste historia,
mas la ira de Dios se calmó, e Israel obtuvo su victoria.

Adán

Primero de la creación

Primero en toda la humanidad creada,
hecho a imagen y semejanza de tu creador;
fuiste puesto en un huerto donde la paz reinaba,
muestra del interés de tu Señor y de su amor.

Tu creación fue única y perfecta en gran manera,
eras de noble talla y hermosamente simétrico.
Tus facciones perfectas, como ya no se ve en la tierra;
tu tez sonrosada, hacía ver de ti alguien muy estético.

Observabas con denuedo las bellísimas colinas y montañas,
te regocijabas junto a los ángeles cada día.
Qué felicidad ver diversos animales, incluido arañas,
aunque inmerso en la soledad, no imaginabas lo que Dios haría.

Dormías tranquilo y muy cómodo esa noche singular,
mas al despertar no entendías quién estaba a tu lado,
pues Dios de tu costilla a tu compañera iba a crear.
¡Y qué alegría!, con Eva ya tenías tu hogar formado.

La tierra era preciosa, revestida de hermoso verdor,
conjugaban con sus vestimentas de un velo de luz.
Aunque pronto vendrían sufrimiento, muerte y dolor,
tu Creador sería tu Redentor al morir por amor en la cruz.

Amós

En medio de riqueza y pobreza

Oriundo de Tecoa y conocido como pastor,
recogías higos silvestres como agricultor;
llamado a ser profeta, una delicada tarea,
enfrentaste a reyes y sacerdotes y no fue tu idea.

Uzías, rey de Judá, muy conocido pero infiel;
asimismo, Jeroboam II, exitoso rey de Israel,
ambos muy conscientes de su pobre comunión,
pues lejos de obedecer a Dios, vivían en rebelión.

En tu libro mencionas a Jehová 52 veces,
y destrucciones tales que a tus oidores estremeces.
Mensajes de juicio contra ocho naciones,
reyes enojados para que su país no menciones.

La prosperidad trajo decadencia moral y religiosa,
muchos hombres ricos tenían más de una casa lujosa.
Aunque el poder político y económico había crecido,
los pobres eran oprimidos y más de uno desvalido.

El sistema legal era muy injusto y había despotismo.
Tu pueblo ofrecía sacrificios y cultos por formalismo,
y advertiste que, a Dios, en absoluto eso no agradaba,
porque la rectitud y justicia, a eso no acompañaba.

Israel por ti fue advertido y lograste mencionarle,
que regresen al pacto, antes que sea demasiado tarde.
Junto a Oseas, Isaías y Miqueas, fuiste elegido por gracia;
no obedecieron, y el año 722, por Asiria les vino desgracia.

Finalmente, acusado por el sacerdote Amasías fuiste
de conspirar contra el rey, por eso del templo Betel saliste.
Algunos creen que falleciste al ser herido en la cabeza,
pero como profeta menor moriste, creyendo la promesa.

Balaam

Perdiendo el horizonte

Los moabitas tenían miedo del ejército israelita;
habían derrotado a los amorreos y no al amonita.
Por causa de Lot, tampoco Moab sería destruida,
mas ellos no creyeron en Dios, y su fe fue diluida.

En los campos frente a Jericó, junto al Jordán,
Balac expresó temor a los ancianos de Madián.
Temían ser devorados como grama, por el buey,
entonces pensó en ti y te mandó llamar el rey.

Fueron a buscarte hasta Mesopotamia, hoy Siria,
lugar donde antes vivió Abraham y toda su familia.
Su mensaje era: "ven y maldice al pueblo de Israel",
y aunque aún eras profeta de Dios, ya no eras fiel.

Los sacerdotes, a tu casa, con presentes llegaron;
al despacharlos una vez, con más oro regresaron.
Consultaste a Dios otra vez, y Él fue muy preciso;
saliste temprano con ellos, aun sin su permiso.

El enojo divino fue enorme y salió a tu encuentro,
terminaste hablando con una asna, y no es cuento.
Tus ojos fueron abiertos y viste un ángel luminoso,
con una espada desnuda viéndote a ti avaricioso.

Finalmente, fuiste con el rey a la ciudad moabita.
Dijiste 3 veces que Israel sería nación bendita.
Luego de dar orientación regresaste a tu tierra;
unir hombres y moabitas, haría que se perdiera.

Booz

Quien redimió a una extranjera

De la familia de Elimelec eras proveniente,
hombre rico y de la viuda Noemí su pariente.
Muy respetado y llamado por nombre Booz,
amable con Rut, que vino a ti con una hoz.

Era tiempo de cosecha en tus campos de cebada,
allí recogía espigas una mujer sin descansar nada.
Esta actitud sorprendió a todos tus trabajadores,
quien al atardecer fue llena de muchos honores.

Al verla a sus ojos claros y su tierna mirada,
se humilló ante ti sin esperar siquiera nada.
Tu amabilidad y acto generoso "ese cálido día",
emocionó su corazón y le brindaste alegría.

La tuviste en tu cosecha por siete semanas,
una noche junto a la era, con su presencia contabas.
Al extender el borde de tu capa, matrimonio le proponías,
casarse con esa muchacha, era solo cuestión de días.

Amaneció y con 6 medidas de cebada la despediste,
pasaron los días y fielmente tu palabra cumpliste.
Frente a los ancianos, legalmente su mano pediste,
pronto te casaste y con ella un hermoso hijo tuviste.

Eres figura de Cristo en toda su magnitud,
pues con gran amor redimiste a tu amada Rut.
Tu hijo Obed fue padre de Isaí, padre de David,
y cuando venga Jesucristo formarás parte de la lid.

Caín

Hombre errante de por vida

Nacido del primer matrimonio aquí en la tierra,
de emoción y alegría inundaste sus vidas;
mas la maldición del pecado reinaba en la atmósfera,
y era cuestión de tiempo, pues, a tus padres desilusionarías.

Pero pasó el tiempo y nació tu hermano Abel,
ambos eran de caracteres muy diferentes.
Él temía a Dios, mientras tú renegabas de Él,
no aceptabas los castigos del pecado pertinentes.

Dios pidió un sacrificio que les recordaría su pecado,
y al ofrecerlo serían conscientes que habría un redentor;
trajiste los frutos de la tierra que habías cosechado,
pero Abel trajo una oveja, pues era un pastor.

Llevaste al campo con engaños a tu hermano,
inocente y tranquilo fue conducido tras tus pasos;
pues no imaginaba que contra él alzarías tu mano,
condenándote así por el resto de tus años.

Confrontado por tu Creador en el mismo acto,
en lugar de arrepentido, te mostraste imprudente;
y aunque sabías claramente de tu asesinato,
recibiste una marca por matar a un inocente.

Errante por el mundo, y con señal en tu frente,
te alejarías de tus padres, para marcar tu rumbo;
y aunque formaste tu familia, tu mal estaba presente,
ahora se recuerda tu triste historia en este vil mundo.

Caleb

El otro espía y conquistador valiente

Descendiente de la tribu de Judá, una de las 12 de Israel.
Jefone fue tu padre y Josué tu amigo, un hombre fiel.
Ambos, junto a diez hombres más, fueron a una ciudad,
la tierra prometida, y estaba habitada por gente de maldad.

Recorrieron la ciudad esa mañana muy entusiasmados.
Así pasaron cuarenta días y luego regresaron motivados,
o eso parecía al cargar un racimo de uvas entre dos,
mas al llegar al campamento no había confianza en su voz.

El informe pesimista y falto de fe de diez espías
hizo llorar a todo el pueblo y lamentar mucho sus días,
pues dijeron que era imposible que Canaán sea conquistada,
por tener allí hombres gigantes y ser una ciudad fortificada.

Entonces te levantaste e hiciste callar al pueblo desconfiado,
les recordaste la promesa de Dios y cómo les había ayudado;
además, mencionaste que vencerlos sería como "pan comido",
casi te apedrean, pero la gloria de Dios había intervenido.

Tu inquebrantable fe agradó a Dios y te hizo una promesa,
que tu heredad sería lo que pisarías y creíste con firmeza.
Cuando tocó la repartición de la tierra ya tenías 85 años,
reclamaste a Hebrón, tierra por conquistar, sin temer los daños.

Tu vida muestra que un final requiere un comienzo fuerte,
tu perseverancia y confianza vibró en ti hasta tu muerte.
Diste tu hija Acsa a Otoniel, pues conquistó a Hebrón,
este se convirtió en primer juez de Israel y sirvió con devoción.

Ciro

El rey que recibió una misión por Dios

Fuiste profetizado por Isaías como el que dio libertad
al pueblo judío, 150 años antes que seas rey en realidad.
Posiblemente gobernaste entre los años 559-530 a. C.,
conocido como Ciro II el Grande, siempre estuviste listo.

Naciste en la ciudad de Anshan, e hijo de Cambises.
Tu primera conquista al derrotar al rey de Media, Astiages,
fue el inicio de un imperio muy poderoso que luego se uniría,
a través de un matrimonio, uno solo con los medos sería.

Luego conquistarías la Babilonia de Nabucodonosor.
Él había muerto y ahora reinaba Nabonido, otro sucesor.
Tomaste la ciudad, sin ninguna resistencia aparente;
sufrían crisis religiosas, lo cual hizo su ruina inminente.

Se debe destacar entre tus varios logros obtenidos,
haber librado a los judíos que estaban oprimidos.
En Isaías se te considera como enviado y ungido por Dios,
pues enviaste de vuelta los vasos sagrados y los utensilios.

Tu nombre en la Biblia es mencionado 23 veces,
y muchas otras cuando se te hace alusión apareces,
pues en Esdras, Daniel y en Crónicas de ti se menciona.
Al ser inspirado por Dios fuiste digno de llevar la corona.

Finalmente, por el año 530, una campaña emprendiste,
dejando en el trono a tu hijo, el príncipe Cambises II, partiste.
A unos nómadas escitas del nordeste, allí te enfrentaste,
la batalla fue dura; fuiste superado y muerto, jamás regresaste.

Daniel

Un varón con fe inquebrantable

Naciste en Judea, tu querida gran nación;
una tierra, que solo a Dios debían adoración.
Mas ese pensamiento no era del rey Joacim,
por eso pronto vendría, a su reinado el fin.

Consciente de su ruina, en Egipto se apoyó,
mas esto al Dios Todopoderoso desagradó,
pues permitió que llegara Nabucodonosor
y sitiara Judea por días, sembrando terror.

Junto a otros amigos fuiste llevado cautivo;
al ver Babilonia, tuviste un momento emotivo.
Recordabas a tu familia y al Dios de tu nación,
pero serías fuerte, por ser hombre de oración.

Pensaron cambiarte todo, incluso tu religión,
qué ingenuos eran, amabas a Dios de corazón.
Y aunque de Daniel pasaste a ser Beltsasar,
a sus distintos dioses, jamás ibas a adorar.

En tu primera prueba, aquella de los alimentos,
tú lograste en 10 días, a todos tener contentos;
preferiste agua y legumbres, rechazando comida,
que era vino y carne roja a sus dioses ofrecida.

Diez veces superior a todos, incluyendo sabios,
pues comida inmunda jamás tocaron tus labios;
fuiste elegido para servir en el palacio al gran rey.
Dios guiaba tu vida, pues no quebrantaste su ley.

Daniel

El profeta apocalíptico

Una mañana común como otra cualquiera,
tu rey soñó y no sabía de qué se trataba siquiera.
Llamó a sus sabios y todos los adivinos al palacio,
al no tener interpretación alguna se mostró reacio.

Estaba demasiado confundido y no era para menos,
no recordaba nada, mas tú y tus amigos estaban serenos.
Los sabios y astrólogos están con demasiado miedo,
pero tú fielmente pediste tiempo y oraste con denuedo.

Junto a tus tres amigos, se postraron en oración;
ya a la medianoche, tenías tú la interpretación.
Agradecido, alabaste el nombre del Dios verdadero,
pues oyó tu clamor, por ser fiel y tener corazón sincero.

Te presentaste ante el rey con el mensaje claro.
Había soñado una estatua de 4 metales y barro,
que representaban reinos, todos ellos poderosos.
Fuiste engrandecido y tus amigos puestos en negocios.

Un día el rey enloqueció y vivía como bestia,
le diste un consejo, mas él ni se dio la molestia.
Debería haber obedecido y haberse arrepentido,
pero gracias a Dios pasaron 7 años y fue convertido.

Tu vida en el palacio no era todo color de rosas.
Los sabios te envidiaban y planeaban muchas cosas;
por mantenerte fiel, a un foso de leones fuiste echado,
mas tu Dios cerró la boca de los leones, y fuiste librado.

Advertiste al rey Belsasar por su conducta inapropiada,
se emborrachó con sus príncipes estando la ciudad sitiada.
Le interpretaste de su pared las escrituras dispersas,
le llegó el juicio divino y ahora el poder pasaba a los persas.

Despertaste asustado, con las imágenes en tu mente,
soñaste 4 animales espantosos, cada uno diferente.
Esta profecía se cumplió, y también todas las siguientes.
Tus figuras apocalípticas y el mensaje, siguen aún vigentes.

David

Hombre conforme al corazón de Dios

Hijo de Isaí, de la pequeña ciudad de Belén,
estaba a corta distancia del sur de Jerusalén.
Tenías siete hermanos, todos llenos de valor,
algunos de ellos soldados, mas tú eras un pastor.

Un día, en el campo estabas, con tu rebaño amado.
Fuiste llamado, pues Samuel a tu casa había llegado.
Aun siendo muchacho fuiste ungido y elegido rey,
aprendiste a amar a Dios cada día y a su Santa ley.

Eras un adolescente rubio, valiente y vigoroso,
de buen parecer, ojos hermosos y músico talentoso;
tocabas el arpa y con su melodía al rey Saúl calmabas,
un espíritu malo a él venía, y con tu música lo apartabas.

Una mañana los filisteos desafiaron al ejército de Israel,
el rey había sido desechado por Dios al no serle fiel.
Oíste a un gigante incircunciso que contra Dios blasfemó;
lleno de valor, con tu honda y una piedra, al suelo él cayó.

Tras la derrota de Goliat, a la hija del rey se te entregó,
su nombre era Mical y con profundo amor ella te amó.
Una vez te salvó la vida, pues su padre quiso matarte,
tuvo celos de ti, pues el pueblo supo muy bien apreciarte.

Jonatán, príncipe de Israel, fue tu apreciable amigo,
¡qué valioso pacto de amistad!, él hizo contigo;
saliste huyendo y fuiste perseguido, por el rey enfurecido;
un día pudiste matarle, y su vida perdonaste, pues era el ungido.

Tras la muerte del rey Saúl y sus hijos, tú fuiste coronado,
libraste muchas batallas, y todas ellas habías ganado.
Un día subiste a tu azotea y allí, a Betsabé tus ojos vieron,
tuviste veinte hijos, pero cuatro, por tu pecado murieron.

A pesar de todos tus terribles e innumerables fracasos,
la gracia de Dios estuvo contigo y te extendió sus brazos.
No solo fuiste adúltero, sino también te convertiste en asesino;
soportaste consecuencias y arrepentido, la gracia a tu vida vino.

Elías

Un hombre semejante a nuestras pasiones

Profeta fiel, hombre de fe y mensajero de Israel,
fue tu ministerio durante el reinado de Acab y Jezabel.
Israel, al separarse de Judá, pronto cayó en apostasía;
en lugar de adorar a Dios, a dioses falsos seguía.

Frente a un contexto de un pueblo que tenía idolatría,
te presentaste ante el palacio y anunciaste una sequía.
Pasaron los días y esta profecía finalmente se cumplió,
pues por 3 años y medio, ni rocío ni lluvia, nunca cayó.

Luego de este anuncio desafiante y difícil de creer,
te escondiste, y unos cuervos te darían de comer.
Y otra vez, la palabra de Jehová, a Sarepta te envió,
una viuda allí te alimentó, y a su hijo, Jehová revivió.

Una tarde, cuando en Samaria era grave el hambre,
a causa de la sequía, no había alimentos ni fiambre.
Entonces decidido, ante el rey volviste a presentarte;
¿eres quien perturbas a Israel? dijo, queriendo desafiarte.

Reúne a los profetas de Baal en el monte Carmelo, dijiste.
Levantaron altares y, al matar animales, sacrificio ofreciste.
Se reunieron allí 450 profetas de Baal y 400 de Asera,
y esperarían que, del Dios verdadero, fuego descendiera.

Esos profetas, al no recibir respuestas, de ellos te burlaste.
Entonces fue allí que 12 cántaros de agua, a tu altar echaste;
mas al clamar a Jehová tu Dios, el fuego descendió,
y consumió todo, incluyendo las piedras, y el agua lamió.

Al ver este acto poderoso, quedaron todos asombrados,
apresaron a los profetas y por ti ellos fueron degollados.
Y así reconocieron que había un solo Dios verdadero,
digno de ser adorado, en la tierra y en el cielo.

Después de esta victoria, por Jezabel fuiste amenazado,
tuviste miedo que, quisiste morir, bajo un enebro sentado.
Finalmente, 100 soldados con fuego fueron consumidos,
y sin morir, al cielo te fuiste vivo, y todos fueron conmovidos.

Eliseo

El excelente profeta sucesor

Tu llamado es realmente impresionante.
Dios te llamó a través de Elías, y fue algo desafiante.
Estabas junto a tu padre Safat, con 12 bueyes arando;
el profeta Elías te echó el manto, y siguió caminando.

Entonces corriste alegre, tras tu maestro ese día,
pediste primero despedir a tus padres, y lo seguirías.
Él no lo negó, y así dos bueyes esa tarde mataste;
la celebración fue amena, y a todo el pueblo invitaste.

Luego comienzas el aprendizaje como asistente,
nada te distraería, eso estaba claro en tu mente.
Realizando actividades menores, pero importantes;
observando a tu mentor, realizarías las desafiantes.

Con tristeza escuchaste la muerte de Nabot,
cómo lo mataron e hicieron contra él complot;
pero Acab pagó el precio de su cruel iniquidad,
murió en la batalla y se acabó su maldad.

Una mañana, mientras caminabas junto a Elías,
un torbellino lo llevó al cielo, y fue buscado por días;
no fue encontrado, entonces serías tú el encargado.
Al reemplazarlo, cruzaste el Jordán al otro lado.

Después de eso tu ministerio profético empezó,
sanaste unas aguas, y un oso 42 jóvenes tragó;
asimismo, sobre la victoria frente a Moab profetizaste,
esto se cumplió, y fue así como a los israelitas ayudaste.

El milagro de la vasija de aceite es muy recordado,
así como la estéril sunamita y su hijo profetizado.
Este enfermó y murió, pero pronto, por fe resucitó;
otro milagro fue la olla de comida, que al servir sobró.

Otro día, el general Naamán, al Jordán fue enviado;
al sumergirse en las aguas, de la lepra fue curado.
Dios te usó muchas veces, hasta hiciste un hacha flotar;
después de muerto inclusive, hiciste a alguien resucitar.

Enoc

Exonerado de la muerte

Tu padre Jared, novecientos sesenta y dos años vivió,
escuchó de la primera pareja creada y a Noé conoció.
Tu historia aparece en el primer libro de la Biblia,
y estás dentro del libro de Adán y su genealogía.

Naciste cuando tu padre Jared 162 años tenía,
cumpliste 65 años y tu hijo Matusalén ya nacía,
convirtiéndose este en el hombre que más vivió.
Tú estuviste en la tierra 365 años y Dios al cielo te llevó.

Eres reconocido por ser maestro de excelencia,
a través de tu conducta marcando la diferencia.
No conociste la muerte en la tierra y ya no sufriste,
porque después de caminar con Dios, desapareciste.

Viste aún antes, lo que el apóstol Juan miraría,
predicaste sobre el juicio y que Jesús pronto vendría.
Pudiste ver el impactante juicio en los últimos días,
y al desaparecer, fuiste buscado, como lo fue Elías.

Esaú

El valor de la primogenitura

Cuando naciste, tu padre sesenta años tenía.
Tu padre oró por tu mamá, pues ella, estéril sería.
El milagro llegó, y Rebeca estaba embarazada;
en su vientre había mellizos, noticia más anhelada.

Jehová mencionó que dos naciones distintas serían;
junto a tu hermano Jacob, esos pueblos representarían.
Indudablemente fuiste el primogénito, por primero nacer,
mas deberías servir al menor, y no había qué hacer.

Todo velludo como una pelliza y rubio naciste,
y a diferencia de Jacob, diestro en la caza fuiste.
Los años pasaron, y tu padre Isaac, a ti te prefería;
por otro lado, Rebeca, tu madre, a Jacob consentía.

Muy temprano de mañana hacia el campo saliste,
con tu arco en mano, mas ningún animal a casa trajiste.
Muy cansado y muy hambriento, esa tarde lluviosa y fría,
vendiste tu primogenitura, por un plato de comida ese día.

A los cuarenta años, dos mujeres para ti tomaste;
con esa decisión la vida de tus padres amargaste.
Una se llamó Judit y la otra Basemat, hija de Elón,
pero ambas demuestran en ti, una mala decisión.

Tu padre Isaac envejeció y a su lecho te llamó,
quería un guiso y la bendición te prometió;
pero al regresar del campo, Jacob se había adelantado,
se hizo pasar por ti y la bendición había tomado.

Viniste a tu padre llorando y rogaste desesperado,
si había alguna bendición que para ti había guardado;
tu padre te bendijo, pero al fin la promesa se cumpliría:
tú, el hermano mayor, serías quien al menor servirías.

Enojado y decepcionado tenías pensamientos de venganza,
matar a tu hermano menor, era tu mayor esperanza.
Jacob huyó lejos y, cuando de nuevo lo volviste a encontrar,
la gracia de Dios en tu vida, logró que lo puedas perdonar.

Esdras

Escriba consagrado a Dios

En la segunda mitad del siglo V antes de Cristo viviste,
y con toda seguridad, al copero Nehemías conociste.
Fuiste no solo escriba, sino sacerdote vinculado con Aarón,
primer sumo sacerdote del tabernáculo, fiel de corazón.

Tu nombre en hebreo Ezra significa "Dios es ayuda",
los planes de Dios se cumplieron en ti y no hay duda.
Como escriba y sacerdote, en Babilonia te desempeñaste,
fuiste muy diligente y la Ley de Moisés guardaste.

Fuiste ante el rey Artajerjes con una petición repentina,
y te aceptó que pudieras regresar para visitar Palestina.
Preparaste tu corazón, y así poder escudriñar la ley,
cumpliéndola y enseñando a Israel que fuese un pueblo fiel.

El decreto del rey te dio autoridad para reorganizar
la nación judía en base a la ley, y de nuevo comenzar,
pues habían regresado de Babilonia, después del exilio,
y te habían entregado plata, oro y cada utensilio.

Al llegar ustedes a Jerusalén, todos se sorprendieron,
por confiar en Dios, pues para el viaje escolta no pidieron.
Y aunque hubo oposición para la prometida construcción,
los motivaste a seguir, y el templo llegó a su culminación.

Doce años más tarde, volviste a Jerusalén con una misión;
había matrimonios mixtos y deberías llevar a su anulación.
Elevas entonces una oración de confesión de los pecados;
la gracia divina les alcanza, son consagrados y restaurados.

Ezequías

Un siervo devoto de Jehová

Hijo de Acaz, rey de la tribu de Judá,
fuiste un siervo devoto de Jehová.
Tu querida madre se llamaba Abías,
hija del conocido Zacarías.

En Jerusalén a los 25 años de edad,
reinaste apartándote de la maldad.
Prestando primero al templo atención,
abriste sus puertas e hiciste reparación.

El rey anterior había obligado cerrar,
no solo el templo, sino, prohibido adorar.
Llamaste a los sacerdotes y a los levitas,
vinieron también los músicos arpistas.

Solicitaste que el pueblo sea santificado,
ellos obedecieron y el templo fue limpiado.
Cada uno cumplió con su labor ese día,
y los levitas cantaron con mucha alegría.

Llegó la pascua que no se había celebrado,
y oraste por unos que no se habían santificado.
Jehová escuchó tu súplica y los sanó,
los sacerdotes bendijeron y esto al Cielo llegó.

Cuando Senaquerib a Jerusalén invadió,
oraste junto a Isaías y Dios a los asirios destruyó.
Luego enfermaste de muerte y una señal recibiste,
al ser humillado, la misericordia divina obtuviste.

Ezequiel

El profeta cautivo

Hijo de Buzi, sacerdote llamado Ezequiel,
tu ministerio profético fue para Judá y no Israel.
Vino a ti palabra de Jehová junto al río Quebar,
una visión de la gloria de Dios que ibas a profetizar.

Tu oficio profético empezó cuando estabas en exilio,
en la gran Babilonia; tenías tu casa, tu propio domicilio.
Con cierta libertad de movimiento, con 30 años y casado;
tu ministerio duró 22 años y todo eso fue bien registrado.

La teología de tu libro tiene estructura literaria,
hay juicio y restauración y no es cosa imaginaria.
Incluso Apocalipsis tiene mucho de tus escrituras,
al describir la actuación divina en el fin y las figuras.

Tristemente tu oficio fue incorrectamente interpretado,
más que ningún otro profeta que se haya levantado.
Comentaristas creen que sufrías enfermedades mentales;
no estabas loco, fuiste elegido para Judá en sus días finales.

Judá debería arrepentirse antes que sea muy tarde,
antes fue una gran nación y eso no servía ni de alarde.
Tú tenías un sentido de santidad a Dios muy profundo,
tu mensaje de juicio y esperanza es hoy para el mundo.

Se considera que tu misión y ministerio es prefigurado,
y de muchas formas y sentidos a Cristo comparado;
empezaron a la misma edad junto a un río y es un ejemplo;
usaron parábolas, y ambos defendieron la pureza del templo.

Gedeón

El hombre que pidió doble señal

Juez sobre la tierra en tiempos de Israel,
pueblo apartado de Dios que no fue fiel.
Olvidaron de cuántas guerras les había librado,
y cómo les había conducido en el pasado.

Hijo del valiente Joás, del clan de Abiezer,
conocido también como Jerobaal al parecer;
aunque algunos prefieren guerrero cobarde,
pero entendería el poder de Dios más tarde.

A escondidas trabajabas de noche en tu era,
de miedo a que el ejército madianita viniera;
pues con asnos, ovejas y bueyes arrasaban,
y lo que quedaba los amalecitas lo llevaban.

Una oscura noche en un amplio lagar de trigo,
el mismo Dios con un mensaje hacia ti vino,
y te aseguró su divina presencia a tu lado,
solo debías ser varón fuerte y esforzado.

Liderarías un pueblo que estaba en penurias,
el resultado de haber vivido antes en lujurias.
Tras pedir doble señal, recién a Jehová creíste,
y junto a 10 más, la imagen de Baal destruiste.

Con 32 000 hombres tu gran ejército empezaría,
luego que un grupo de 22 000, de miedo se regresaría,
quedando 10 000 para pasar la prueba que vendría,
mas Dios la victoria, con solo 300 te la daría.

Una noche antes de la batalla junto a Fura oíste,
el gran sueño de un madianita y así más creíste.
Y tomando tres escuadrones de cien soldados,
los armaste dándoles trompetas y cántaros.

Tras el ruido de trompetas y cántaros quebrados,
Dios puso a tus enemigos en tus manos.
Luego te quisieron elegir como rey y no quisiste,
finalmente tuviste 70 hijos y de vejez moriste.

Habacuc

El justo por la fe vivirá

Octavo profeta entre los doce profetas menores,
profeta ferviente que se notaba en tus expresiones.
A diferencia de los demás profetas con una voz elocuente,
tú te dirigiste, no al pueblo, sino a Dios directamente.

Nacido en Judá en tiempo del profeta Jeremías,
ambos muestran sensibilidad frente a sus días,
pues les acompañaba el sufrimiento por su nación,
estaban cautivos a causa de su prevaricación.

Tu corazón se entristecía a causa de tu país,
había injusticia y el mal no se erradicó aun de raíz.
Aumentaba la violencia y también la iniquidad,
parecía Dios no oír tus oraciones a causa de la maldad.

Jamás te quejaste en contra de Dios el Todopoderoso,
esperaste la respuesta, pues Él es misericordioso.
A los caldeos, mejor dicho, a Babilonia enviaría,
así Judea sería llevada cautiva y sus pecados pagaría.

Dios conoce el orgullo de la nación y la castigaría,
pero frente a todo esto, el justo por la fe viviría.
La gloria y el poder de Dios triunfan finalmente,
y con alegría y alabanzas le adoras fielmente.

Escribiste un libro de profecía que tu nombre lleva,
tus palabras se cumplieron, esa es la mayor prueba.
Por eso Pablo te cita tres veces en el Nuevo Testamento,
pues tus palabras tienen en el cristiano fiel cumplimiento.

Hageo

Un hombre con acción inspirada

Tu nombre en hebreo significa "festivo",
fiel profeta adorador de un Dios vivo.
Laboraste junto a tu apreciado amigo Zacarías,
quien también era profeta de Jehová en esos días.

Iniciarías una labor profética y también escribirías,
el segundo libro más corto después de Abdías.
Te dirigiste ante dos autoridades y lo hiciste con fervor,
ante un sumo sacerdote y Zorobabel, un gobernador.

Estos personajes también los hallamos en otros lados,
en Esdras, Nehemías y en Zacarías son mencionados.
Ambos líderes políticos y religiosos de la nación,
fueron advertidos, de volver a Dios su corazón.

Se conoce casi nada o muy poco de tu vida,
pero fue dedicada a Dios y muy bien dirigida.
Aunque solo quince semanas duró tu ministerio,
motivó y alentó al pueblo, después del cautiverio.

Una mañana nublada, todo el pueblo se preparaba,
venía a adorar a Jerusalén, pero tristeza les albergaba.
Sus lágrimas eran incontenibles al mirar hacia los muros,
pero mirar hacia el templo les traía recuerdos duros.

El templo no era ni la sombra de lo construido por Salomón,
así que les exhortaste a reanudar pronto la reconstrucción.
Sus casas eran hermosas, mas al templo habían descuidado;
aunque lo empezaron, fue Herodes quien lo habría terminado.

Isaac

El esperado hijo de la promesa

Tus padres soñaban con un hijo en sus brazos,
pero la fe de ellos debería seguir algunos pasos.
Ismael, tu hermano, nació primero por su prisa;
luego naciste tú, Isaac, cuyo nombre significa "risa".

Tu padre Abraham y tu madre Sara en Beerseba,
lugar donde naciste, hijo de promesa y de prueba;
así como trajiste a sus vidas inmensa alegría,
también darías pena y tristeza a tus padres un día.

Cuando naciste la nación entera estaba muy contenta,
tu padre tenía 100 años y tu madre algo más de 90.
Fuiste circuncidado al octavo día de haber nacido,
y tenías más privilegios por ser el heredero elegido.

Pero no todo en sus vidas sería completa felicidad,
Dios llamó a Abraham y debía probar su fe y lealtad;
ordenó que te ofreciera a Él, como ofrenda en sacrificio,
mas ese día Jehová, les dio un cordero como propicio.

Cuando tu madre Sara murió sufriste demasiado,
a los 40 años te casaste y tuviste a Rebeca a tu lado.
Eres modelo perfecto de novio para la actualidad,
su noviazgo y matrimonio, tiene colorido y vivacidad.

Tu debilidad por Esaú, tu primogénito ideal,
te acarreó un desenlace y tristeza fatal.
Tus hijos se alejaron de tu casa y se odiaron,
mas la gracia de Dios los alcanzó y se perdonaron.

En tiempos de hambre a Egipto no descendiste,
pues fue el mandato de Dios y le obedeciste.
Cuando regresó Jacob, con Esaú ya reconciliado,
viste sus familias y fuiste a los 180 años sepultado.

Cómo olvidar lo que dice de ti el Nuevo Testamento,
fielmente adoraste a Jehová hasta el último momento,
pues bendijiste a Jacob y Esaú, tu hijo muy amado,
respecto a cosas que aún no habían llegado.

Isaí

Dichoso padre de un rey

Padre de David y nieto de Booz y Rut, la moabita, tu
hijo se convirtió en un gran rey del pueblo israelita.
Ni te imaginabas que algo así en tu familia pasaría,
mas un día Samuel a tu casa llegó y a tu hijo ungiría.

Conocido del Señor Jesucristo como su antepasado,
hombre nacido en Belén reconocido y muy apreciado.
De la tribu de Judá fuiste descendiente,
tuviste ocho hijos y dos hijas o hijastras aparentemente.

Una mañana llegaron a tu casa unos soldados,
primero te asustaste, mas ellos estaban comisionados;
querían ver a tu hijo David y ante el rey llevarlo,
tocaría arpa para el rey Saúl y así tranquilizarlo.

Tu hijo volvió a tu casa y tranquilo estuviste,
mas vino la guerra y otra vez a tu hijo despediste;
esta vez fue llevando a sus hermanos comida,
luego él te llevó a Moab y allí tu familia fue protegida.

Isaías

El profeta de los príncipes

Nacido en la hermosa Jerusalén, e hijo de Amoz,
profeta para cuatro reyes y un poder asirio atroz.
Eras casado y tenías dos hermosos hijos varones,
escribiste un libro donde juicio y salvación propones.

Aparte de ser un profeta fuiste un brillante estadista.
Serviste a Uzías, Jotam, Acaz y Ezequías según lista.
Viviste tiempos de crisis y exhortaste de forma crucial,
a no hacer alianzas, sino mantenerse fiel a Dios y leal.

Tu misión siempre fue que los pueblos reconocieran,
la soberanía de Dios en sus vidas, y lo sirvieran.
Al igual que otros profetas les hablas de cosas locales,
luego del pacto y la salvación, siendo estas universales.

De forma clara muestras la iniciativa de salvación,
Israel sería el encargado de cumplir esta misión;
mas al no cumplir el propósito y haberlo abandonado,
Jesucristo cumplió esta labor habiéndose encarnado.

En medio de una nación de triste condición moral,
te mantuviste siempre firme y apartado del mal.
Aunque el pecado cubría con llagas de pie a cabeza,
sabías que había un remanente y en eso tenías certeza.

Tu confianza y esperanza no es común en estos días;
viviste en tiempos muy remotos, mas con fe lo creías.
Ahora, al leer tus escritos comprendemos mejor a Jesús;
aunque hayas muerto, ya viene el Mesías y veremos su luz.

Ismael

Primer hijo, pero no de la promesa

Hijo del patriarca Abraham y la esclava egipcia Agar,
naciste fruto de la impaciencia por no saber esperar.
La promesa era que el hijo nacería de Saraí, la esposa;
que nacieras de esclava era falta de fe y no otra cosa.

Cuando tenías recién trece años fuiste circuncidado,
pronto nació tu hermano Isaac y un año ya había pasado.
Justo en el día del destete de tu hermano hubo problemas,
te burlaste del pequeño produciendo enojo y muchas penas.

Saraí no soportó tu actitud burlona y desafiante,
habló con tu padre y le propuso algo agobiante.
Serías junto a tu querida madre de tu casa despedido,
y anduviste errando por el desierto y de sed afligido.

Y allí en las arenas sin fuerzas y esperando la muerte,
un ángel del Señor a tu madre guio hacia una fuente.
Tomaste suficiente agua y entonces fuiste fortalecido,
y una promesa divina, además, se te había prometido.

Pronto creciste siendo fortalecido en el desierto de Parán,
hábil con el arco y viviendo al sur de Canaán.
Te casaste con una egipcia de nombre desconocido,
tuviste muchos hijos y de ti 12 tribus habían salido.

Finalmente, junto con tu hermano, a tu padre enterraste,
y ya anciano a los 137 años, esta tierra dejaste.
Mahoma consideró que la cabeza de su genealogía fuiste,
inclusive creen que colaboraste y La Meca construiste.

Jabes

El más ilustre de sus hermanos

Tu nombre en hebreo significa hacedor de tristeza,
no eras juez, mucho menos parte de la realeza.
Naciste en Judá y tu madre te dio a luz con dolor,
no se dice de ti mucho, pero tienes testimonio inspirador.

Tenías varios hermanos, pero tú fuiste más ilustre.
Tal vez había en ti algo que no te guste,
pero en tu oración reflejaste una fe increíble,
pues invocaste al Dios de Israel, el invencible.

Pediste, sobre todo, primero de Dios su bendición,
sabías que era fiel y de eso tenías información.
Conocías cómo Dios bendijo a tus antepasados,
jamás a ninguno de sus hijos dejó abandonados.

Al pedir bendición sabías de Jacob su historia,
cómo se aferró, fue bendecido y halló misericordia.
También quisiste que tu territorio se pudiera ampliar,
vivías en tierra prometida, mas aún había por conquistar.

Al pedir tener la mano de Dios en tu vida,
en realidad, pediste tener la dirección divina.
Suplicaste ser librado del mal y no ser dañado,
tuviste fe en Dios y tu pedido te fue otorgado.

Tu vida, y sobre todo tu extraordinaria oración,
nos motiva hoy buscar a Dios de todo corazón.
Dios contesta a sus hijos de fe y corazón sincero,
solo es necesario ponerle en la vida como primero.

Jacob

Hombre mentiroso y fraudulento

Fuiste, de tu madre Rebeca, su consentido y adorable hijo;
tu padre fue el hijo de la promesa, tal y como se predijo.
Esaú, tu hermano, era cazador diestro en cualquier colina,
sin embargo, tú preferías la casa y estar junto a la cocina.

Tú naciste hace miles de años en la tierra de Canaán,
descendiente de Isaac tu padre y del patriarca Abraham.
Desde niños con tu hermano tenían un carácter diferente,
peleaban desde el vientre y eso afectó hasta el presente.

Una tarde lluviosa, mientras Esaú del campo regresaba,
le ofreciste un plato de lentejas, pues de hambre estaba.
Te ofreció su primogenitura y tú pronto el trato cerraste,
él fue inconsciente del valor, y tú de eso te aprovechaste.

Isaac se hizo anciano y te aliaste a tu adorable madre,
robarías la primogenitura, engañando a tu viejo padre.
Sin embargo, luego de tu oscuro y equivocado actuar,
por miedo a tu hermano abandonarías tu hogar.

Lo que se siembra se cosecha, y eso no lo inventaste,
pero al elegir esposa, en vez de 7 años, 14 pagaste.
Amabas tanto a tu madre, pero jamás la volviste a ver,
consecuencia de tu gran mentira que tú decidiste hacer.

El cariño de hermanos se perdió, aun por la distancia,
y sumar el enojo de tu hermano con sabor a venganza.
Tus noches fueron muy tristes, pues vivías recordando;
no habías sido fiel a Dios y de casa huiste engañando.

Jefté

El valor de una promesa

Joven esforzado y valiente de verdad,
hijo de una madre ramera y de Galaad.
Huiste de casa por causa de la maldad,
pues con tus hermanos no tenías heredad.

Habitaste en Tob, tierra no muy lejana,
allí te juntaste a ociosos de mala fama.
Tu vida era incierta y se esperaba suerte,
y por causa de la guerra vinieron a verte.

Amón desafió a Israel y a ti te eligieron,
para liderarlos, por eso hacia ti vinieron.
Fuiste con ellos y te reuniste en Mizpa,
fuiste su caudillo, y la nación ya estaba lista.

Los amonitas eran antiguos enemigos,
que en el pasado no fueron destruidos,
y ahora ellos los estaban oprimiendo,
18 años difíciles de quebrantamiento.

Hiciste una fiel promesa al Dios de Israel,
cumplirías tu palabra dada, pues tú eras fiel.
Quien saliera a tu encuentro el día de la victoria,
sería sacrificado y registrado en la memoria.

Qué dolor desgarrador al ver a tu hija querida,
venía alegre a ti, mas tu promesa estaba ofrecida;
se preparó dos meses y se cumplió lo prometido,
tú juzgaste seis años y tuviste un funeral merecido.

Jehú

El consagrado rey de Israel

Jefe ilustre del ejército de Israel,
guerrero devoto y siempre fiel;
hijo de Josafat, un hombre honrado;
pronto serías como rey coronado.

Elías, a un hijo de profeta envió;
apartándote del grupo, a ti te eligió,
pues echó aceite sobre tu cabeza,
y te declaró rey de Israel con firmeza.

Te habló de la misión encomendada,
eliminarías la casa de Acab con tu espada.
Luego salió corriendo, sin detenerse para nada;
tus soldados te aceptaron, con voz aclamada.

Entonces confiado empezaste tu cometido,
pronto el rey Joram por tu flecha cayó abatido.
Siguieron luego a Ocozías y también pereció,
así la profecía de Elías ese día se cumplió.

Pasaron unos días y a Jezreel llegaste,
allí en la ciudad, con Jezabel te encontraste.
Desde la ventana unos eunucos la echaron,
su sangre salpicó, y su piel los perros devoraron.

Finalmente, a adoradores de Baal mataste,
y las estatuas también derribaste,
pero dejaste los becerros de oro en Dan y Bet-el.
Fuiste sepultado en Samaria, reinando 28 años en Israel.

Jeremías

El incomprendido profeta llorón

Hijo del apreciado sacerdote llamado Hilcías,
fuiste llamado en los tiempos del rey Josías;
también en reinados de Sedequías y Joacím,
mientras vivías en Anonot, tierra de Benjamín.

Comenzaste muchacho tu trabajo como profeta,
enfrentarte a problemas no era parte de tu meta.
Mas aceptaste el llamado divino y sería un gran reto,
en todo estrato social había injusticia y nadie perfecto.

Se sabe casi nada o muy poco de tu juventud,
te preparaste para ejercer responsabilidad de magnitud.
Tu ministerio coincidió con los últimos cinco reyes de Judá,
a ti se te prohibió casarte y eso fue por orden de Jehová.

Conocido como el profeta de las lágrimas o llorón, tanta
era la maldad de Judá que caías en depresión.   Tus
sentimientos fueron afectados y querías ser fuerte, pero
hubo un día que desalentado pediste la muerte.

Una mañana que parecía ser igual a cualquiera,
viste a Ananías y no creíste capaz que mintiera;
mientras profetizabas de una invasión inminente,
él ofrecía paz, causándole esta necedad, su muerte.

Acusaste al rey Joaquín en repetidas veces,
pues hacía trabajar a los pobres varios meses,
y no recibían pago alguno por ese trabajo esclavo,
se engrandecía y se hacía rico, y el pobre ni un centavo.

No solo enfrentaste a falsos profetas en tus días,
sino al mismo rey que estaba en contra de tus profecías,
enfrentando así mucha oposición enemiga en tu momento,
más que cualquier otro profeta del Antiguo Testamento.

Tu ministerio tuvo también profecías representadas,
un cinto podrido, un yugo y una vasija por ti usadas.
Finalmente, Jerusalén cayó, y a Egipto fuiste llevado,
donde según la tradición judía moriste apedreado.

Jeroboam

Un rey malo que temía perder su reino

Hijo de Nabat y Zerúa de la tribu de Efraín,
servir al pueblo como Salomón era tu fin.
Estabas a cargo de la leva que era reclutar,
trabajadores o soldados y eras popular.

Como funcionario eras una fiel inspiración,
mas se sembró en tu mente la conspiración.
Al enterarte por Ahías que rey podrías ser,
intentaste todo para apropiarte del poder.

Al ser descubierto por el rey Salomón,
huiste a Egipto sin cumplir tu misión.
Diez tribus serían tuyas según la profecía,
y después de la muerte del rey eso se cumpliría.

Cuando Roboam, el príncipe, el trono tomó,
fuiste llamado y ante ti el pueblo se reunió.
Exigiste al rey que el tributo disminuyera,
y al no obedecer hizo que el pueblo enfureciera.

Luego de esto te nombraron rey de Israel,
mas no serías un buen rey, sino, menos fiel,
pues de miedo a morir, o tu reino abandonar,
construiste dos becerros de oro para adorar.

Por estos actos fuiste por Dios reprendido,
pero jamás te mostraste humilde y arrepentido.
Una tarde, tu hijo enfermó y pronto murió,
pronto moriste y nunca tu actitud cambió.

Jetro

Consejos sabios de un suegro

En un pueblo llamado Madián, eras sacerdote,
Moisés se casó con tu hija Séfora y no dio dote.
Siete hijas admirablemente maravillosas criaste,
y al trabajo de pastoreo de ovejas las dedicaste.

Eras conocido como Jetro, nombre personal,
y aparece en la Biblia Reuel, nombre opcional.
A Moisés antes de ir a Egipto le diste bendición,
y junto a su esposa e hijos fue a cumplir la misión.

Al desierto llevaste a tu hija y sus dos hijos,
encontraste a Moisés y ante él muchos reunidos.
Dijiste a tu yerno que no estaba bien lo que hacía,
y si seguía así, tal vez un día desmayaría.

Entonces le propusiste cuatro niveles de administración,
jefes de 1000, 100, 50 y 10, siendo eso de bendición.
Moisés aceptó el consejo y todo eso lo cumplió,
pronto te fuiste a tu tierra y todo Israel te despidió.

*J*oacim

El hombre que prefirió a Necao y no a Dios

Hijo del rey Josías, rey de Israel,
fuiste gobernante necio e infiel.
El faraón a Egipto a tu hermano llevó,
y te puso en su lugar y tu nombre te cambió.

Reinaste a los veinticinco años de edad,
te volviste fuerte y con principios de maldad.
Obligaste a tu pueblo a pagar tributos altos,
Necao feliz, pero tu reino vivía descontento.

Tu infidelidad a Dios se hizo muy visible,
te lanzaste a la idolatría de manera increíble.
El profeta Jeremías escribió porque te apartaste,
tú agarraste el rollo y en el fuego lo quemaste.

Menospreciaste el mensaje y al mensajero,
al fin él era profeta y tú un rey traicionero.
Confiaste en el faraón para no ser destruido,
pero vino Nabucodonosor y fuiste sometido.

Durante 3 años obedeciste y luego te rebelaste,
tu cadáver fue arrojado, y así tu vida terminaste.
Fuera de las puertas y como asno fuiste sepultado,
reinaste 11 años y por Joaquín fuiste reemplazado.

Job

El verdadero valor de la vida

De la tierra de Uz, en la época patriarcal,
hombre justo, perfecto y apartado del mal,
vivo ejemplo de gran paciencia y rectitud,
temeroso de Dios y con más de una virtud.

El libro de Job es del área sapiencial,
narra tu historia de hombre justo y leal,
que sufres aflicciones de forma tal,
pues el enemigo quería solo tu mal.

Siete hijos y tres hijas te habían nacido,
en el hombre más rico te habías convertido;
de los hombres orientales el más importante,
pronto vendría a tu vida algo desafiante.

Tu hacienda tenía muchos animales contados:
7000 ovejas, 3000 camellos, 500 asnas y criados,
y faltaba mencionar las 500 yuntas de bueyes.
Tu riqueza era tanta que fue la envidia de reyes.

Tus hijos, a menudo banquetes celebraban,
luego ofrecías sacrificio por si ellos pecaban.
Y aunque todo iba de lo más tranquilo al parecer,
un día hasta el anochecer, lo ibas todo a perder.

Sin riqueza, sin tus hijos y con lepra te quedaste,
tu esposa te dijo que renunciaras y tú no renegaste.
Tres gratos amigos tuyos te visitaron y te hablaron,
pero no entendían, y en su razonamiento se equivocaron.

Oraste por tus amigos y tu integridad mantuviste,
entendiste que las bendiciones, de Dios recibiste.
Cuando Dios te visitó te quedaste muy asombrado,
pediste su presencia y fuiste afrontado, pero vindicado.

Finalmente, la soberanía de Dios reconoces,
Él te devuelve hijos y riqueza para que de ella goces.
El bien triunfa sobre el poder del mal y aquí lo notamos;
el fiel es recompensado, si de Él no nos apartamos.

Joel

Dios castiga el pecado

No se tiene de ti un conocimiento profundo,
entre los profetas menores fuiste el segundo.
Tu querido padre se llamaba Petuel,
se conoce que fuiste un profeta muy fiel.

Al saber poco de tu vida no hay homenaje,
sino como profeta de Dios veré tu mensaje.
Un libro que lleva tu nombre escribiste,
donde se ve el ministerio profético que hiciste.

Tuviste un profeta contemporáneo,
ambos vivieron por el mismo año.
Este profeta se llamaba Sofonías,
hablaban del "día de Jehová" esos días.

Las plagas han acechado, y ya no hay ofrenda,
urge venir al arrepentimiento, y a Dios nadie ofenda.
También vendría el día del juicio a las naciones,
mas los justos tendrían al Espíritu Santo y bendiciones.

Jonás

Evadir el llamado de Dios

Provenías de Gat-hefer, la tierra de Zabulón,
profeta de Jehová a quien servías de corazón.
Aunque algunos te consideraban hombre terco,
pues tenías mentalidad estrecha, eso es cierto.

Considerado el quinto de los profetas menores,
un mensajero de Dios y con muchos temores.
Del Antiguo Testamento el libro más misionero,
en predicar a los gentiles tú fuiste un pionero.

Dios te envió a Nínive a pregonar su destrucción,
quisiste huir de su presencia, qué torpe tu decisión.
Al descender a Tarsis, creíste logrado tu objetivo,
yo no entiendo tu criterio ni tampoco tu motivo.

En el mar se levantó una tempestad muy enorme,
echaron la suerte entonces, y cayó en tu nombre.
Terminaste confesando, la culpa te atormentaba,
pues a Dios, tu desobediencia le desagradaba.

Al echarte al mar, pensaron que te habías ahogado,
Dios en su misericordia un pez había preparado.
Estuviste 3 días y 3 noches en su vientre guardado,
luego de arrepentirte y con fiel oración, fuiste vomitado.

Durante 3 días recorriste la ciudad pregonando,
después de 40 días la destrucción estaría llegando.
Mas todos se arrepintieron, y su vida Dios perdonó;
eso te enojó mucho, pero a los 120 000 salvó.

Jonatán

El verdadero valor de la amistad

"Don de Jehová" tu nombre significaba,
hijo del rey Saúl, el reino te esperaba.
Serías el segundo rey de Israel,
mas tenías amistad con tu amigo fiel.

Eras atlético, gallardo y un hábil jefe militar,
conociste a David y lo llegaste a apreciar.
En una guerra en Micmas fuiste valiente,
obtuviste la victoria y ganaste el aprecio de la gente.

Se te recuerda más por tu valor de la amistad,
David fue más que tu hermano, símbolo de lealtad.
Amor más maravilloso que de las mujeres llamaste,
a tu amistad con él y así fielmente lo demostraste.

Avisaste a David cuando tu padre lo quiso matar,
hicieron una promesa y él en el campo iba a estar,
y con una señal de tu arco, tres flechas y el criado,
él sabría si su vida estaba a salvo o era sentenciado.

En la dura batalla del monte Gilboa moriste,
debajo de un árbol en Labes sepultado fuiste.
Enfrentaste la muerte con coraje y valentía,
David lloró tu muerte por el cariño que te tenía.

El valor de la amistad siempre es importante;
a pesar de las circunstancias, todo saca adelante.
Al morir, tu querido hijo Mefi-boset, huérfano se quedó,
pero el rey David lo recogió, y junto a su mesa comió.

Josafat

Un rey fiel que no sirvió a dioses extranjeros

Hijo del rey Asa, fuiste el cuarto rey de Judá,
tu nombre significaba "ha hecho justicia Jehová".
A los treinta y cinco empezaste a gobernar,
y tu reino por la gracia de Dios, 25 años pudo durar.

Tu querida madre Azuba se llamó.
Con Acab, el rey de Israel, la paz reinó;
además, eran consuegros considerados,
pero en lugar de ir a Dios, iban tras los aliados.

En el reino de Asa, tu padre —aunque a Jehová sirvió —,
los santuarios de dioses paganos no destruyó,
pero tú a diferencia de Acab, no seguiste a los baales,
seguiste al Dios verdadero y destruiste sus altares.

Fuiste por tu pueblo muy bien recibido y aceptado,
gloria, riquezas y muchos presentes habías logrado.
Todos los reinos no te hicieron guerra, estaban asustados;
te daban presentes, tributos de plata y muchos ganados.

En tu tercer año de reinado a 16 hombres enviaste,
eran príncipes y levitas, que tú muy bien exhortaste,
enseñarían la ley de Dios en todas las ciudades,
deberían obedecerla y apartarse de sus maldades.

Tu error fue con el rey Acab hacer alianza,
él puso en lugar de Dios, en ti su esperanza.
Al igual que hiciste con Ocozías, hombre de mal,
Dios peleó tus batallas y moriste de forma natural.

José

El joven soñador

El undécimo hijo de Jacob y primero de Raquel fuiste,
en el hijo favorito de tu padre, pronto te convertiste.
Tu madre, antes de engendrarte, vivía sufriendo,
era mujer estéril, prefería morir y no seguir viviendo.

Al nacer diste a tu madre completa alegría,
mas al nacer Benjamín, tu hermano, ella moriría.
Cuidaste de tu hermano con responsabilidad,
los demás te odiaban, pues había en ellos maldad.

Informabas a tu padre todo lo que ellos hacían,
los celos hacia ti cada día crecían y te aborrecían.
Una mañana despertaste y tu sueño les contaste,
ellos se inclinarían a ti, pero con eso, solo los enfadaste.

Cuando tu padre una túnica de colores te regaló,
propusieron matarte, pues ese privilegio les disgustó,
y al ir a verlos a Dotán, te echaron a una cisterna vacía,
luego te vendieron a una compañía que de Galaad venía.

José

De la cárcel al palacio

Por veinte piezas de plata te vendieron,
y así engañar a tu padre pretendieron,
pues llevaron tu túnica de sangre empapada,
con sangre de cordero sobre ella derramada.

Te vendieron a una compañía de ismaelitas,
llevaban a Egipto aromas y especias exquisitas.
Estos, al llegar a Egipto, a Potifar te vendieron,
y en tu casa tu padre lloraba, y por ti, luto hicieron.

Potifar era un hombre importante de esa nación,
era capitán de la guardia y oficial del faraón;
así que fuiste a su casa y allí trabajaste,
y por la ayuda de Dios en todo prosperaste.

Mas una noche cuando ya te ibas a dormir,
la esposa de tu amo vino hacia ti y te quiso seducir.
Te dijo: "duerme conmigo", y así cada día lo hacía.
Le dijiste: "¿cómo haría este mal y contra Dios pecaría?".

Al sentirse rechazada se ofendió y te acusó,
de haberla ultrajado, y a la cárcel te envió;
mas tu gran Dios, también allí te prosperó,
pues el jefe, a cargo de la cárcel te colocó.

Una mañana dos presos estaban confundidos,
habían tenido sueños y estaban aturdidos.
Al panadero y copero les diste su significado,
se cumplió el sueño y al palacio fuiste llamado.

Te cambiaste ropa nueva, ibas a ir ante el rey,
Dios pronto seguiría premiándote por ser fiel.
El sueño del faraón, de las vacas, interpretaste;
habrían siete años de hambruna, y proveer aconsejaste.

El faraón de Egipto, gobernador te nombró,
tus hermanos fueron a verte y tu corazón los perdonó.
Fuiste instrumento para tu familia y terrenos se te dio,
y antes de morir, tu padre e Israel, allí se estableció.

 Josué

El gran sucesor de Moisés

Joven vigoroso, esforzado y muy valiente,
aun en Egipto servías a Dios en tu mente.
Y ya en el desierto fuiste comandante fiel,
libraste muchas batallas con el pueblo de Israel.

Acompañaste a Moisés por más de un lugar,
inclusive ese día que encontraron un altar.
Cuando él bajaba con dos tablas de la montaña,
ver quebrar la ley divina fue una gran hazaña.

Sucesor de Moisés y por la nación apreciado,
como explorador a Canaán tú fuiste enviado.
Junto a once espías a la gran tierra llegaron,
ya de regreso todos ustedes del viaje informaron.

Diez de ustedes tuvieron informes pesimistas,
mas solo tú y Caleb se mantuvieron optimistas,
pues en el Dios de Abraham y Jacob confiaban,
y por fe, Canaán, la tierra prometida, reclamaban.

Como líder de las tropas israelitas en el desierto,
ocupaste fielmente el lugar de Moisés ya muerto.
Una tarde, lograste dividir las aguas del río Jordán,
y otro día fuiste derrotado por el pecado de Acán.

Finalmente, a cinco reyes enemigos venciste,
y tras un milagro divino, sol y luna detuviste.
Junto a tu familia, fielmente a Dios elegiste servirle,
y moriste a los ciento diez años, de edad increíble.

Lot

Librado del fuego consumidor

Fuiste hijo de Harán; y de Abraham, su sobrino.
Viviste junto a él por la tragedia que sobrevino.
Perdiste a tus padres y junto a tus tíos saliste,
de tierra de Ur, a una tierra que jamás conociste.

Viviste gran tiempo a lado de tu familia nueva,
habías crecido rápido y te vendría una prueba.
Tus rebaños crecieron y decisión debías tomar,
separarse era la idea, pues tú elegiste empezar.

Elegiste tú la hermosísima llanura del Jordán,
mas Abraham acampó en la tierra de Canaán.
Fuiste a Adma, Zeboín, Sodoma, Gomorra y Zoar,
y por su maldad, Dios pronto las iba a incendiar.

Un día nublado cinco reyes se pusieron de acuerdo,
hacer guerra a Sodoma y que quede de recuerdo.
Fuiste tomado prisionero y con tu familia llevado,
pero Abraham vino hacia ti y pronto fuiste librado.

Pronto te adaptaste a la vil ciudad de Sodoma,
tanta era la maldad que igualaba a Gomorra;
mas vinieron unos ángeles, para así anunciarte,
caería fuego del cielo, pero tú podrías librarte.

Permitiste que tus dos hijas se comprometieran con impíos,
saliste con tu familia, pero ellos se vieron en líos.
Tu mujer se convirtió en sal, su corazón no fue honesto;
tampoco el tuyo ni el de tus hijas, pues cometiste incesto.

Malaquías

Cuando la gente es tacaña con Dios

Hay un libro que pudiste escribir,
solo por el libro, de ti, algo podemos inferir.
Es el último del AT en orden de colocación,
mas no por su fecha de composición.

A una comunidad posexílica profetizaste,
bajo la gobernación de Persia les hablaste,
cuando el templo ya se había terminado,
y muchas ceremonias de sacrificio, realizado.

Llamaste al pueblo a vivir el compromiso pactual,
pues sus líderes vivían en plena apatía espiritual.
Y a través de discursos de debate has mostrado,
que su fe era formalismo y no de corazón consagrado.

Finalmente, como mensaje de despedida,
presentas una exhortación y promesa definida;
anticipas la llegada futura de Elías,
y del gran día de Jehová al final de los días.

Mardoqueo

El mejor padre adoptivo

Los huérfanos en el Antiguo Testamento,
se muestran como vulnerables en todo momento.
Por eso criaste y educaste a Ester, tu prima.
No imaginaste que se convertiría en reina y heroína.

Fuiste judío, pero vivías en Susa, residencia real;
devoto creyente, y siempre apartado del mal.
Hijo de Jair, de Cis, del linaje de Benjamín,
deportado de Jerusalén, pero con interesante fin.

Llevado a Babilonia por el rey Nabucodonosor,
viviste allí junto con Ester y lo hiciste con honor.
Te encargaste de ella y como hija la adoptaste;
al morir sus padres, con cariño a casa la llevaste.

Ester, tu prima, realmente tenía su gran belleza,
pronto sería elegida para pertenecer a la realeza.
Estuvo al cuidado de Hegai, y él gracia en ella halló;
atavíos, alimento y siete doncellas le proporcionó.

Al cabo de un año, ella reina fue elegida,
tu alegría por ella, fue obvia en gran medida.
Luego de esto denunciaste una conspiración,
en contra del rey, y no hubo para ti premiación.

Pasaron los meses y tu pueblo en peligro estaba,
era el malvado Amán, que contra ti y Judá conspiraba.
Hiciste ayuno y a Ester acudiste por apoyo, preocupado;
los judíos se salvaron y tú fuiste por el rey exaltado.

Mefi-Boset

Alcanzado por la misericordia

Hijo del príncipe Jonatán y nieto del rey Saúl,
la tragedia a tu vida llegaría un día con el cielo azul.
Todos corrían para librar su vida de la muerte,
desgraciadamente no todos corrieron la misma suerte.

La guerra entre David de Belén y Saúl tu abuelo,
duró años, trayendo muerte a inocentes y un gran duelo.
Un día, cuando se escuchó de tu abuelo su muerte,
tenías cinco años y ya eras un niño alegre y fuerte.

Todos a tu alrededor desesperados corrían,
otros se escondían, pues por su vida temían.
Tu nodriza te cargó y corrió llorando sin consuelo,
pero tropezó y, tú de forma abrupta, caíste al suelo.

Volvió a verte y te abrazó llorando y susurrando:
"tienes que ser fuerte", ya nos estamos escapando;
pero al mirar tus ojos llenos de lágrimas derramadas,
se dio cuenta que tus dos piernas estaban fracturadas.

Tu vida cambió para siempre ese trágico día,
tu niñez y adolescencia las pasaste sin alegría.
Eras un príncipe con derecho absoluto al trono,
mas en tu condición, pudiste casi vivir en abandono.

Unos mensajeros llegaron a tu casa y no les creíste,
venían de parte del rey David y al final con ellos fuiste.
Tenías miedo y pensabas si había sido una buena decisión,
mas al estar ante el rey, este te miró lleno de emoción.

Te habías preparado de lo mejor para ir al palacio,
allí te diste cuenta que el rey era amigable y no reacio.
Entonces con la ayuda de un guardia al rey te acercaste,
y echado con el rostro en tierra indigno te mostraste.

El rey te abrazó y humildemente levantaste la cabeza;
desde ese día junto al rey comerías siempre a la mesa.
También junto a tu hijo Micaía, se te dio de Saúl sus tierras;
ahora redimido, tenías hasta siervos para que mejor vivieras.

Melquisedec

Un hombre rey y sacerdote a la vez

Fuiste el primer rey y sacerdote de Salem,
aquella ciudad conocida como Jerusalén.
Sobre tu linaje se desconoce totalmente,
sobre tu padre o alguien de ti anteriormente.

En tres libros de la Biblia tu nombre aparece,
tienes un encuentro con alguien y el diezmo te ofrece.
Este era el patriarca Abraham, padre de la fe,
y es misterioso que lo bendigas y ofrenda te dé.

"Rey de justicia", tu buen nombre significa;
te relacionan con Cristo, esto te dignifica.
Al no tener genealogía, te hace un ser celeste,
mas Jesús vino a la tierra y fue ser divino-terrestre.

Uno de los 20 principales personajes considerado,
en Génesis, Salmos y en Hebreos estás mencionado.
Tu sacerdocio era exactamente de la orden celestial,
mas la de Aarón de la tribu de Leví, una orden terrenal.

Miqueas

El defensor de los pobres

Tu nombre significa "quién como Jehová".
Profetizaste tanto para Samaria y Judá,
se te reveló a ti todo con anticipación,
mensajes de juicio y liberación.

Eras un campesino de Moreset de Gat,
serviste a Dios con fervor y lealtad;
contemporáneo del profeta Isaías,
quien tenía acceso al palacio esos días.

Bajo tres reyes de Judá profetizarías:
Jotam, Acaz y el rey Ezequías.
Al conocer bien la situación social,
les advertías mejorar su vida espiritual.

Muestras a un Dios de misericordia y compasión,
te vuelves en símbolo de restauración.
El pueblo recibe de ti una bendita esperanza,
diciéndoles que la gracia divina a todos alcanza.

Al igual que Isaías hablas del Mesías, quien
sería el príncipe de paz en nuestros días;
asimismo, el idioma era tu gran don,
y lo muestran en más de una declaración.

Al pueblo dijiste: Dios detesta y condena el pecado,
hay calamidad inminente, el pueblo sería castigado;
pero había esperanza para Samaria y Jerusalén,
pues el Mesías, el perdonador, nacería de Belén.

Moisés

Librado de las aguas para librar de esclavitud

Israel en Egipto estaba vilmente esclavizado,
José había muerto y otro rey se había levantado.
A pesar de las aflicciones y amarga vida que tenían,
los israelitas seguían creciendo y eso los egipcios temían.

Llamó al palacio, a las parteras Fua y Sifra, el faraón,
deberían matar a cada hijo israelita que nazca varón;
mas ellas temieron a Dios y ningún niño murió,
entonces el rey a todo niño recién nacido al Nilo echó.

Tercer hijo de Amram y tu madre Jocabed fuiste,
en momentos difíciles para Israel en Egipto naciste.
Te ocultaron durante tres meses y fue todo un lío;
luego, en una canasta, te colocaron a orillas del río.

Esa canasta calafateada con asfalto y mucha brea,
fue vigilada por María, pues tu madre le dijo que te vea.
Justo a esa hora la princesa, al río a lavarse descendió,
se acercó tu hermana y a tu madre como nodriza ofreció.

Tu propia madre algunos años te educó,
luego te llevó al palacio y a la princesa te entregó.
Ella te puso Moisés, pues de las aguas te había librado,
y allí en palacio un futuro brillante tenías asegurado.

Criado fuiste como egipcio y también educado,
mas los principios de tu madre no habías olvidado.
Y al salir a observar a los esclavos un egipcio mataste,
y al ser descubierto, hacia el desierto te marchaste.

Moisés

Líder manso y humilde

Cuando el faraón quiso matarte, a Madián huiste,
allí junto a un pozo de agua, a Séfora conociste.
Ella era una de las siete hijas que Jetro tenía,
te enamoraste de ella y como esposa él te la daría.

Un día apacentando ovejas Jehová se te presentó,
tenías 80 años y desde una zarza ardiente te habló.
Deberías salvar a su pueblo Israel de la esclavitud,
los llevarías a Canaán y allí lo adorarían con gratitud.

Te mostraste incapaz de realizar esta misión,
Jehová te hizo dos milagros de demostración.
Y cuando aún seguías con gran desconcierto,
Dios te dijo que hallarías a Aarón en el desierto.

Junto a tu hermano ante el faraón te presentaste,
le dijiste las palabras de Jehová y milagros realizaste;
mas su corazón endurecido toda propuesta rechazó,
por este atrevimiento con 10 plagas Dios a Egipto azotó.

Tras la muerte de su hijo, el faraón al fin aceptó,
salieron todos de Egipto, pero en el mar los alcanzó;
entonces extendiste los brazos y el mar en dos se abrió,
pasaron los israelitas, pero ningún soldado egipcio vivió.

Una columna de nube y de fuego siempre les acompañó,
después de 40 días en la montaña, Dios, la ley te entregó;
dos tablas de piedra que llegando al campamento quebraste,
pues al pueblo adorando a un becerro de oro encontraste.

Cuarenta años por el desierto guiaste al pueblo de Israel,
fuiste librado de enemigos y te mantuviste fiel.
Tu liderazgo no fue fácil, mucho menos sin dificultades,
el pueblo constantemente te oprimía con sus incredulidades.

Cinco libros, más Job, escribiste en el Antiguo Testamento,
con frecuencia se te menciona en el Nuevo Testamento.
No entraste a Canaán, pero se te permitió verla en visión;
moriste siendo un líder manso y cumpliste tu misión.

Nabot

Apedreado a causa de una viña hermosa

Vivías en tiempos del profeta Elías,
y Acab era el rey en esos días.
Tenías casa en el país de Israel,
mas habías nacido en Jezreel.

En Samaria, el rey Acab era tu vecino,
un día hacia ti con una propuesta vino,
Comprarte la viña que tenías él quería,
pues legumbres en ella sembraría.

Te propuso por otra mejor cambiártela,
e inclusive estaba dispuesto a pagártela.
Le dijiste que de tus padres la recibiste,
entonces ya no te insistió y se fue triste.

El rey Acab llegó a su casa muy enojado,
y esa noche sin comer se había acostado.
Su esposa al darse cuenta de su melancolía,
le animó a comer, pues ella lo solucionaría.

Enviaron cartas a los ancianos y principales,
todas las cartas firmadas con los sellos reales.
Proponía ayuno y dos testigos perversos pagar,
dirían que habías blasfemado, y así poderte matar.

Todo salió como Jezabel lo había planeado,
Acab tomó tu viña, luego de que fueras apedreado.
Mas tu muerte no quedó sin recibir justicia divina,
tus enemigos lo pagarían y pronto vendría su ruina.

Naamán

Un general con una fe increíble

Eras un hombre que de buen prestigio gozabas,
pues al gran ejército de Siria liderabas.
Considerado de buena estima y valeroso,
y aunque en la vida tenías todo, eras leproso.

La relación con tu esposa era significativa;
por tu amor le diste a su servicio una cautiva
que habías traído de la tierra de Israel,
ella era una muchacha muy hacendosa y fiel.

Esta muchacha te informó de Eliseo el profeta,
él hacía milagros y que recibirías sanación completa.
Luego le contaste a tu rey que a Samaria irías,
arreglaste plata, oro y vestido con que pagarías.

Tu rey envió cartas al rey de Israel,
que te sanase de la lepra, pero él era infiel.
Rasgó sus vestidos y se sintió frustrado,
porque del profeta de Dios se había olvidado.

Al llegar frente a la casa de Eliseo ese día,
ser enviado al Jordán fue algo que te enojaría,
pero tus siervos te hicieron reaccionar,
y después de zambullirte siete veces, te ibas a limpiar.

Al salir del agua, tu piel como de niño quedó,
agradecido ofreciste presentes y él no aceptó.
Saliste hacia tu tierra, mas Giezi te alcanzó,
pidió la recompensa, pero la lepra heredó.

Nabucodonosor

El rey adorador del Dios verdadero

Cuando aún no eras rey, sino el príncipe heredero,
junto a sus amigos, Daniel fue llevado prisionero.
Atacaste Judá y en tus manos el Señor te la entregó;
Joacim, el rey de Judá, apostató, por eso lo abandonó.

Fuiste hijo del gran rey babilónico Nabopolasar,
aprendiste de él la capacidad de conquistar.
Luego a Egipto, Asiria y a Jerusalén subyugaste,
y muchos judíos, a Babilonia cautivos llevaste.

A Daniel y sus amigos quisiste cambiar de cultura;
asimismo, obligarlos a adorar tu estatua allí en Dura.
Se mantuvieron firmes y demostraron fidelidad,
los pusiste en cargos de gran responsabilidad.

Una noche, tu sueño fue realmente perturbado,
soñarías algo raro, y a la mañana ya lo habías olvidado.
Vino hacia ti el judío Daniel y te dio la interpretación,
adoraste al Dios verdadero, movido por la conmoción.

Construiste a tu esposa un jardín colgante,
que sería una de las siete maravillas más adelante.
Luego de haber conquistado y tu reino ya establecido,
tuviste un sueño que te dejaría pensativo y aturdido.

Volvió a ti Daniel y te dio su interpretación;
asimismo, palabras de esperanza y fiel instrucción.
Al pasar un año te fuiste al campo como bestia a vivir,
mas pasaron siete años y arrepentido, Dios te pudo redimir.

Fuiste frecuentemente por profetas mencionado:
Jeremías, Ezequiel y Daniel, de ti habían hablado.
Eres ejemplo de gracia divina y del poder restaurador,
en la tumba duermes esperando a tu Creador y Redentor.

Nahum

Maldición de Dios sobre la crueldad

En el Antiguo Testamento no aparece tu nombre,
como otros profetas, y esto que no te asombre.
Naciste en Era de Elcós, una ciudad desconocida,
profetizaste a Nínive, 100 años antes arrepentida.

Esta ciudad impía que Jonás había antes visitado,
se arrepintió y la misericordia divina había alcanzado.
Pero al pasar los años, otra vez estaba en mal camino,
por eso Dios te llamó y profecía sobre ella vino.

La profecía de la caída de Tebas, en el 663 se cumplió;
asimismo, la caída de Nínive en 612 a. C. aconteció,
siendo una noticia agradable para todos sus oprimidos,
pues Dios juzga a las naciones y oye a los arrepentidos.

Asiria era un reino impío y de legendaria brutalidad,
había cometido muchos crímenes de lesa humanidad.
Por eso dices que un guerrero formidable se levantaría,
y a través de Nabucodonosor la desolaría y destruiría.

Natán

Un profeta con un mensaje de reprensión

Considerado y valorado como profeta notable,
tu ministerio profético fue considerado loable.
Profetizaste en los reinos de David y Salomón,
los serviste fielmente, y a Dios de todo corazón.

Una mañana, el rey David vino a tu presencia,
tenía un asunto en su cabeza, quería una sugerencia.
No era sobre la guerra ni cosa al reino correspondiente,
era algo que ya tenía días meditando en su mente.

Mientras él vivía en casa de cedro y telas finas,
el arca del Dios Altísimo habitaba entre cortinas.
Te pidió consejo y le dijiste que el templo construyera,
volviste a la mañana y le dijiste mejor que no lo hiciera.

Pues en la noche la palabra de Dios te lo había revelado,
sería Salomón y no David, pues a muchos había asesinado,
y el pacto, con su hijo sería restaurado, y él lo construiría.
Y así se cumplió, el templo se terminó y esplendoroso sería.

Pasaron algunos días y volvió Dios a hablarte,
de nuevo ante el rey David deberías presentarte.
Esta vez lo harías con una fuerte amonestación,
el rey había pecado, apartando de Dios su corazón.

Aceptó tus consejos y humildemente se arrepintió,
aunque sufrió consecuencias, Dios lo redimió.
Más adelante ayudaste al sucesor del rey,
bendiciendo a Salomón y sirviendo de forma fiel.

Nehemías

El gobernador fiel y honesto

Copero del gran rey persa Artajerjes fuiste,
en asuntos de política y seguridad serviste.
Por tu cargo acceso directo al monarca tenías,
aunque eras un judío en exilio, influencia ejercías.

Fuiste contemporáneo del escriba Esdras y de Daniel,
un profeta de Dios, siervo muy consagrado y fiel.
Esdras la reconstrucción del templo hace mención,
y tú, sobre los muros de Jerusalén, su reconstrucción.

Tienes algunas características de Daniel,
orabas mucho y te mantuviste siempre fiel;
a pesar de estar en Babilonia, otra nación,
serviste a Dios con tu mente y corazón.

Antes de ir a la presencia del rey hiciste oración,
irías a ver los muros para su reconstrucción.
Luego de haber tenido respuesta a tu petición,
partiste, aunque unos árabes se burlaron de tu decisión.

Dios proveyó obreros y la reconstrucción comenzó,
los enemigos se opusieron, pero la obra no paralizó.
La mano protectora de Dios se les había prometido,
los muros se terminaron y así la obra había concluido.

Luego de la reconstrucción la reforma enfatizaste,
diste importancia al pacto y la ley les enseñaste.
Luchaste además por los pobres y los oprimidos,
fuiste excelente líder y nos dejas principios definidos.

Noé

El primer predicador constructor

Cuando los hombres empezaron a multiplicarse,
de la misma manera, de Dios lograron apartarse;
mas Noé era distinto en medio de esa maldad,
hombre justo y perfecto, predicador de verdad.

Los pecados subieron a oídos del Dios viviente,
y eliminarlos de la tierra, Él decidió en su mente;
mas caminaste con Él cada día y gracia hallaste,
junto a tu esposa y tus tres hijos a tu Dios adoraste.

"Construye un arca de madera de gofer", se te dijo;
al empezar la obra, pocos lo hicieron con regocijo.
Trescientos codos su longitud y cincuenta su anchura,
además de tres pisos y de treinta codos su altura.

Los animales entraron en parejas bien ordenados,
y todo estaba lleno, con alimentos almacenados.
Siete parejas de animales limpios, y de inmundos una;
se salvarían también aves por Dios, y no por fortuna.

Tenías seiscientos años cuando al arca entraste;
pasaron 7 días, y el diluvio, paciente tú esperaste.
La lluvia vino y las aguas 150 días permanecieron,
y al salir el arco iris, su mensaje comprendieron.

A tu esposa, hijos y nueras, en el arca salvaste;
construiste el arca y ciento veinte años predicaste.
Dios hizo un pacto contigo y lo tuviste en cuenta,
pero moriste cuando tenías novecientos cincuenta.

Oseas

Perdidamente enamorado

De los 12 profetas menores, el primero fuiste,
hijo de Berí y al reino del norte perteneciste.
Hombre apasionado con extraordinaria afectividad,
que llenaba tu corazón y te apartaba de la maldad.

Vivenciaste la profecía personalmente,
obedecías a Dios de corazón y con tu mente.
Alrededor de 25 años, en Israel profetizaste,
y de la angustia del amor constante hablaste.

Una mañana Dios te ordenó que busques a Gomer,
que le pidas matrimonio y deberías obedecer.
Así que te casaste con ella y tres hijos tuviste,
Dios les puso nombre a ellos y tú no te opusiste.

Tus hijos representan símbolos de castigo divino,
y las desgracias familiares que te sobrevino:
Jezrael, nombre siniestro que la ruina de Acab anunciaba;
tu hijo Lo-ammi y tu hija Lo-Rujamá, que es "la no amada".

Gomer te traiciona y vuelve a la prostitución,
eso te partió el alma y deberías seguir en tu vocación.
Los celos te atormentaban y no había en ti ya alegría,
mucho menos paz, al no entender por qué de ti se burlaría.

Israel representa a la esposa que a Dios traiciona,
es necesario el castigo para que vuelva, Él menciona;
y cuando ella vuelve al hogar abandonado,
Él la recibirá con ternura, gozoso y olvidando el pasado.

Roboam

Escuchando el consejo de muchachos

Primer rey de Judá cuando el pueblo sufrió división,
hijo sucesor del gran sabio rey Salomón;
accediendo al trono sin ninguna aparente oposición,
mas pronto en tu reino provocaste una gran desunión.

Antes de ser coronado te reuniste con tu nación,
querían menos impuestos, era mucha la presión.
Pediste tres días para así poderles contestar,
pues antes de equivocarte, a otros deberías consultar.

Te entrevistaste con los ancianos y les escuchaste,
te pidieron que cedas, mas ese consejo desechaste.
Entonces citaste a los más muchachos de la nación,
ellos dijeron que castigues doble y esa fue tu decisión.

Cuando el pueblo vio que el impuesto no disminuirías,
se enojaron demasiado, que antes de ser atacado, huirías.
Entonces tomaron a Jeroboam y como rey lo coronaron,
y fue así como de la casa del rey David se separaron.

Intentaste unir las tribus enviando a un mediador,
mas mataron a Adoniram, con gran enojo y furor.
Entendiste el mensaje, no había forma de unirlos,
entonces decidido, planeaste hacer guerra y destruirlos.

Un profeta llamado Semaías te aconsejó desistir,
obedeciste su palabra y a Dios 3 años le ibas a servir.
Luego toleraste ritos inmorales y a otros dioses adoraste;
18 esposas, 60 concubinas, 28 hijos y 60 hijas procreaste.

Salomón

Rey con abundante sabiduría

Hijo de David y Betsabé viuda de Urías,
eras amado de Jehová y te nombró Jedidías.
En el tercer rey de Israel te lograste convertir,
ungido y coronado, a tu pueblo ibas a dirigir.

Tu ascensión al trono no fue sin oposición;
otros desearon ser reyes, como Adonías y Absalón,
pero murieron al intentarlo, dejándote el corazón triste,
y al intervenir el profeta Natán y tu madre, rey fuiste.

Una noche el Señor te habló en Gabaón,
te dijo que elijas lo que quieras en una visión,
entre poder, oro, fama o cualquier otro pedido,
humildemente pediste poseer un corazón entendido.

Tu pedido fue concedido y pronto sería visto,
dijiste que partan al niño en dos, y listo.
Una de las dos mujeres que eran rameras,
prefirió dejar vivo al niño a que injusticia cometieras.

Reconociste entonces que ella era sincera,
esta sabiduría clásica se conoció en toda la tierra.
Impulsaste la escritura y producción literaria,
escribiste miles de proverbios de forma extraordinaria.

También numerosas canciones pudiste escribir,
con Cantares y Eclesiastés lograste contribuir.
Proverbios y algunos salmos que se sumaron,
al canon bíblico y absolutamente todos de ti hablaron.

En absoluta paz y tranquilidad reinaste,
aparte de sabiduría, fama y riqueza lograste;
y al ser reconocido por la construcción del templo,
muchos otros reyes anhelaban seguir tu ejemplo.

La parte del comercio también fue tu habilidad,
la reina de Sabá te visitó con esa finalidad.
Pero tener muchas mujeres paganas fue tu caída;
al final moriste, pues la idolatría trajo tu ruina.

Samuel

Primer profeta de Israel

Tu nombre en hebreo significa "Dios me ha escuchado",
en el Antiguo Testamento de tu vida se ha registrado.
Fuiste el primer y gran profeta de la nación israelita;
tu querido padre fue el levita Elcana, un efratita.

Tu madre Ana era mujer estéril antes de procrearte,
pidió un hijo a Jehová y así podría a él dedicarte.
Dios contestó su oración y su promesa cumpliría,
llegó el momento que al sumo sacerdote te llevaría.

Junto al sumo sacerdote Elí en el templo viviste,
te prepararías para servir a Dios y así lo hiciste.
Mientras aún eras niño, la voz de Dios escuchaste,
el Señor te habló de los hijos de Elí, y tú le avisaste.

Sus hijos sufrirían castigos por su conducta y maldad,
pues todos conocían sus malos actos en la ciudad.
Murieron en la batalla y el arca el enemigo tomó;
al enterarse de esta noticia, tu mentor Elí falleció.

En tu edad adulta fuiste considerado profeta fiel,
y no solo profeta, sino líder y juez de Israel.
Exhortaste a abandonar los ídolos, a la nación,
y volverse al único Dios verdadero de todo corazón.

Pusiste en Beerseba a tus dos hijos como jueces,
pero eran corruptos y la gente se quejó muchas veces.
El dolor de padre era enorme y afligía tu corazón,
no lograste guiar a tus hijos por buena dirección.

Una mañana el pueblo en una solemne reunión,
unidos gritaron: deseamos rey para nuestra nación.
Creíste que era disconformidad con tu administración,
mas al oír a Jehová, Él te dio su aprobación.

Ungiste a Saúl como rey, pero este fue desechado,
y por orden divina ungiste a David, que sería coronado.
Y cuando fue perseguido, un tiempo estuvo a tu lado;
pronto falleciste y el pueblo lloró, pues te había respetado.

Sansón

Debilidades que disminuyen las fuerzas

De Zora, de la tribu de Dan, era tu padre;
hermosa mujer, pero estéril, era tu madre.
Un día vino el ángel de Jehová y le dijo:
pronto concebirás y darás a luz un hijo.

Tu madre no tomaría vino y menos sidra,
tampoco ningún tipo de comida inmunda.
Tu pelo no se cortaría, pues serías nazareo,
y gran fuerza tendrías para destruir al ejército filisteo.

Pronto naciste y alegres todos se pusieron,
buscaron un nombre y Sansón eligieron.
Los años pasaron y tú, pronto ya creciste,
te hiciste joven y un día, a Timnat te fuiste.

Allí a una señorita muy hermosa conociste,
era mujer filistea, pero, aun así, tú la elegiste.
Y contra la voluntad de tus padres decidiste,
tomarla por mujer, mas nunca a ella la tuviste.

Tenías pelo largo y una fuerza descomunal,
un día con tus manos mataste a un animal.
Un día en Gaza, dormiste con una prostituta,
luego elegiste a Dalila y así perdiste la ruta.

Tu amada filistea a quien tú querías en serio,
hizo cortarte las siete guedejas de tu cabello;
te sacaron los ojos y te llevaron a un molino,
allí ciego y calvo tu fin llegaba a su destino.

Consciente de tus decisiones y fracaso triste,
una segunda oportunidad, a tu Dios pediste;
mientras todos se burlaban de ti en una danza,
derribaste el templo cumpliendo tu venganza.

Saúl

Rey desechado por Dios

Fuiste hijo de Cis, un hombre valeroso,
de hombros arriba eras totalmente hermoso.
De la tribu de Benjamín eras descendiente,
idóneo para ser rey, por ser un guerrero valiente.

Cuando el pueblo por jueces era liderado,
pidió tener reyes como las naciones de al lado.
Fueron nombrados Joel y Abías como jueces de Israel,
mas estos hijos de Samuel, ninguno de ellos era fiel.

Convencidos que querían un rey para Israel,
a pesar de ser advertidos por el profeta Samuel,
que serían inclusive esclavos e impuestos vendrían,
permanecieron firmes en su pedido, pues ellos querían.

Una mañana junto a tu criado, a buscar asnas saliste,
pero al no hallarlas, fue al profeta Samuel a quien viste.
Te mencionó que ya habían sido halladas y te alentó,
luego tomó una redoma de aceite y como rey te ungió.

Pronto hubo una guerra y los ancianos se asustaron,
amenazaron a Jabes de Galaad y rendirse pensaron.
Al oír esto, con ira en pedazos a dos bueyes cortaste,
uniste tu gran ejército y a los amonitas derrotaste.

Entonces fuiste recién, como rey coronado;
luego de la victoria, todo el pueblo se había alegrado.
Mas vendría la guerra contra los filisteos, ya anunciado,
en una misión desobedeciste a Dios y serías desechado.

Otro día despertaste preocupado por un gigante,
hablaba contra Dios y tu ejército, con mensaje desafiante;
mas apareció un muchacho llamado David y lo venció,
ya había sido ungido como rey y con tu hija Mical se casó.

Él tocaba arpa para ti, pero por celos matarle quisiste,
un día te perdonó la vida y nunca más lo perseguiste.
Lejos de Dios y sin orientación a una bruja acudiste,
fue un gran error y en batalla junto a tus hijos moriste.

Sofonías

Cuando Dios invade el escenario humano

Profetizaste durante el reinado del gran rey Josías,
fuiste contemporáneo del gran profeta Jeremías.
Anunciaste la ruina del reino corrupto de Judá,
por ser idólatra y malvado los castigaría Jehová.

Hebreo, de los profetas menores el noveno,
eras al parecer, de la estirpe real un hombre bueno.
Observaste con preocupación los reinados anteriores;
los reyes Manasés y Amón fueron impíos, los peores.

En tu libro condenas contundentemente la idolatría;
asimismo, llamas al arrepentimiento a Judá cada día,
pues son duros los castigos divinos que vendrían,
pero con esperanzas "el día de Jehová" esperarían.

Con firmeza denuncias los pecados de la sociedad,
rebelión y orgullo, del cual nace la incredulidad;
pero se salvarían de la ira los pobres, libres del mal,
fieles humildes de buen carácter espiritual.

Zacarías

El triunfo final de la santidad

Fuiste hijo de Berequías y nieto de Iddo,
a la familia sacerdotal habrías pertenecido,
siendo un hombre con una clara convicción,
de firme esperanza y una clara exhortación.

Muchos meses después de haber sido elegido,
ocho visiones proféticas ya habías recibido;
asimismo, formaste parte de los que regresaron,
cerca de 18 000 personas, que hacia Judá caminaron.

A tu ministerio, una connotación sacerdotal aportaste,
de la construcción del templo tú hablaste,
y de cómo eliminar la mancha de la contaminación,
del sumo sacerdote y también de toda la nación.

Finalmente, para ti el exilio no es casualidad,
sino fruto del juicio de Dios sobre la infidelidad;
mas Dios no ha olvidado a su pueblo apreciado,
pues tiene para ellos, un glorioso futuro reservado.

Otros Poemas

Grande Nube de Testigos

Si quieres ver modelos de vida en cuanto a la fe,
aparte de Jesús, espera un poco aquí que te los dé.
Existe grande nube de testigos que quieren animarte,
analiza pues su vida, cuyo testimonio podría cambiarte.

Un hombre al morir inocente dio testimonio de ser justo,
otro no sufrió la muerte, agradó a Dios y no por gusto.
Se une a este grupo otro perfecto en medio de malicia,
que en un arca salvó a su familia y fue heredero de justicia.

Un patriarca anciano creyó y le fue contado por justicia,
su esposa un día se rio, mas no fue juzgada por su risa;
nació su hijo de promesa, este a sus hijos los bendijo y amó,
uno de estos hermanos, aun siendo anciano, a Dios adoró.

Un joven fue llevado a Egipto como esclavo y allí vendido,
Dios lo hizo prosperar pues fielmente lo había servido.
Su pueblo creció mucho y por otro líder fue conducido,
renunció a ser faraón, del llamado divino estuvo convencido.

Al morir fue reemplazado por un líder joven y con visión,
rodeó la ciudad de Jericó y con fe cumplió su misión.
Una ramera allí con gran confianza a los espías escondió,
su valentía y su gran fe salvarle de la muerte le permitió.

Asimismo, se menciona la fe de muchos otros hombres,
el que pidió doble señal y más decenas de nombres,
desde el hombre con régimen especial de salud y muy fuerte
hasta los profetas, e incluso los que sufrieron vituperio y muer-
te.

A Mi Padre Ausente

Aún recuerdo tu semblante, con nitidez apagada,
era infante todavía, cuando tu vida se esfumaba.
Aunque la vida nos negaba tu contagiante alegría,
eras un padre inspirador, que prosperaba cada día.

Un día en la casa, encontré un libro empolvado,
era una hermosa biblia, y el contenido subrayado.
No recibiste instrucción, ni siquiera primaria,
mas eso no impedía cuando en el púlpito estabas.

Cuando predicabas, el oyente se entusiasmaba.
No eras muy letrado, sin embargo, llegabas
a cada corazón herido, necesitado y sufriente;
por eso, aun en tu ausencia, tú estás en su mente.

Fuiste buen cristiano y líder en la iglesia,
sufriste liderando, pues aún hay gente necia.
Pero paso a paso contagiaste con ejemplo,
aún hoy los hermanos extrañan eso en el templo.

No estuviste presente en mi gran bautismo,
ni en mi cumpleaños, y sin ti no es lo mismo.
Terminé mi secundaria, y después yo me casaba,
miré a todos lados, y tu presencia me faltaba.

Imagino tu alegría, al ver tu primer hijo,
ya pasé por lo mismo, con mi inolvidable Belén;
no pudiste conocerla, pero esto alguien me dijo:
"pronto estaremos juntos en la nueva Jerusalén".

No crean que he olvidado mencionar a mi Rouse,
es mi segunda hija mi gran bendición de Dios;
sé que no conoció a su ausente abuelo Carlos,
pero Cristo ya viene y pronto podrá juntarnos.

Al pensar en mi carrera, mejor dicho, vocación,
es inevitable pensar, que tú fuiste mi inspiración.
Aunque sé que tampoco estarás en mi graduación,
quiero verte en el cielo, y abrazarte con emoción.

Un Modelo de Padre Bíblico

Al buscar un modelo de padre, leyendo en la Biblia,
hallo muchos modelos, pero alguno no convendría.
Ya encontré muchos padres y todos muy consagrados,
pero en cuanto a criar a sus hijos, sí, ¡qué descuidados!

La intención de estas líneas no es para criticarlos,
es sacar enseñanzas que puedan motivarnos,
a comprender el papel de padres, y así imitarlos,
pues algunos de ellos, sí que fueron sensatos.

Al primer padre en la tierra, ya lo tengo en mente,
aunque Abel le dio alegrías, fue un padre sufriente,
pues perdió en un solo día, a dos hijos queridos,
pero entonces vino Set para llenarlos de suspiros.

Siendo hallado en la tierra, como un hombre justo,
tú preparaste a tus hijos, eso sí que me da gusto;
construiste una gran arca y allí metiste a tu familia,
así salvándoles la vida pues el gran diluvio vendría.

Este padre cuando fue joven sufrió muchos dolores.
Un día, a unos de sus hijos, le dio túnica de colores.
Siempre prefería a este hijo, aunque otros él tenía;
no sabía la tragedia que pronto a su vida vendría.

Cuando aún era muchacho y ni su esposa tenía,
juzgó a un sacerdote, pues a sus hijos no corregía.
Sin pensarlo siquiera que el tiempo rápido pasaría,
sus hijos pronto crecieron, lo mismo le sucedería.

Se levantaba muy temprano y lo hacía cada día,
y daba gracias a Dios por los hijos que él tenía,
pues en su mente frágil muchas ideas rondaban,
por eso hacía sacrificios por si sus hijos pecaban.

Cómo cerrar estas estrofas y no mencionarlo,
Zacarías fue un padre que a Juan supo guiarlo.
Pero si de tantos en la Biblia, yo quisiera un modelo,
me es imposible ignorar al gran José, el carpintero.